日本沈没
最終シナリオ

世界地図から日本の国名が消える日

なわ　ふみひと

たま出版

日本沈没最終シナリオ

世界地図から日本の国名が消える日

日本沈没最終シナリオ◆もくじ

プロローグ

第一章 日本沈没編

世界支配層は人工地震で東京を火の海にして、世界大恐慌の引き金とするつもり。

第二章 陰謀編

真の陰謀は世界に一つしかない。世界統一政府樹立のための謀略のことだ。

第五章　神示編

大本神諭、日月神示には世界支配層の日本乗っ取り計画が予告されていた。

第六章 新約聖書編

イエス・キリストが説き明かした終末におけるカルマの清算方法。

第七章　覚醒編

日本沈没が迫っているいま、身魂磨きの実践が急がれる。

エピローグ

プロローグ

ダイパニック号はいつ沈むのか？

1億2000万人の乗客を乗せて、いま「ダイパニック号」は目的地のない航海を続けています。というより、荒波の中を漂流しているという方が正しいでしょう。

かつては世界でもトップクラスの高性能を誇った船でしたが、いまではすっかり老朽化して、波にもまれてよたよたと揺れています。海はますます荒れ模様です。はたして乗客の安全は大丈夫なのでしょうか。

よく見ると、船から次々と人が海に身投げをしています。病気や生活苦のため命を絶つ人が増えているのです。一方、船の中ではカジノやスポーツ、芸能やゲームなどに興じて、結構楽しそうに過ごしている乗客もいます。カジノで儲けた人たちの中には、一般の乗客とは別仕立ての豪華な個室を持って優雅な暮らしをしているようです。

ところが、最近一部の乗客の間で「この船は海賊に乗っ取られているらしい」という噂が流れるようになりました。船が海賊の手に渡っているのであれば、彼らは乗客のことなど考えず、これから船内を好き放題に荒らし回るつもりかもしれません。抵抗する乗客は、否応なしに連行され、船底の暗い船室に監禁されるか、ひどい場合は海に投げ込まれることになるでしょう。

はたして、この船は本当に海賊に乗っ取られているのでしょうか。

なかなか信じてはもらえないでしょうが、この船はとうの昔から、世界の海を股にかけて荒らし回っている海賊の一味に乗っ取られていて、船長をはじめ航海士の大半は海賊のいいなりになっているのです。

そして、まもなくこの船を、映画になったタイタニック号のように氷山に衝突させて乗客ごと沈めてしまう計画が、いま着々と進められているのです。

それなのに、残念ながら大半の乗客はそのような恐ろしい事実にまったく気づいていません。その原因は、海賊にコントロールされている船内の大道芸人や賭博師たちがさまざまな芸を披露したり賭場をひらいたりして乗客の関心を巧妙にそらしているからです。このままでは、あの映画「タイタニック」と同じように、乗客が救命ボートへと殺到する状況が訪れるのは避けられないでしょう。甲板に上がってみれば、大きな氷山が目の前に迫っているのがわかるのですが……。

乗客は船内の遊戯施設で無邪気に遊んでいる

とっくにおわかりのことと思いますが、「ダイパニック号」とはこの国・日本のことです。まもなく大パニックに陥ると思われるこの国のことを、タイタニック号をもじって「ダイパニック号」と表現してみました。ここで船名を普通の呼び名に戻して「日本丸」とします。海賊に乗っ取られた「日本丸」は、海賊たちの指令によって、大きな氷山に向かって航行中です。

その「氷山」とは何を意味しているのか、あるいは「そもそも海賊とはどういう連中なのか」ということについては「第二章／陰謀編」で詳しく説明します。

船が氷山に衝突しようとしているのに、「日本丸」の乗客である国民は、まだ間近に迫った危機に気づくことなく、毎日のどかにテレビのスポーツ番組をはじめクイズやお笑いなどの娯楽番組に興じています。テレビでかくも低俗な番組が大量に放送されている国は、先進国のどこにもないといわれています。それはまさに日本国民の意識を低俗化させることを狙いとして、海賊の一味が民族浄化（家畜化）のために計画的に洗脳してきた結果なのです。

子供の頃からテレビによって洗脳され続ければ、目の前の餌（ゲームやスポーツ、お笑い、音楽、グルメ、旅行など）のことしか考えられなくなります。日本の国全体のことや、将来のことを考える知恵はなくなってしまうのです。

ですから、本当に怖いのは船が沈んでしまうことよりも、多くの国民がこの国の安全のことなど気にすることもなく、ただ自分の現在の幸せだけを追求する動物的な人間になりつつあるという現実こそが怖いのです。

銃口に頭を突っ込んでいるのも知らず、無邪気に遊んでいる――今の日本国民をイメージするとこのような哀れな姿が目に浮かびます。

銃の引き金を握っているのはアメリカだと思う人が多いでしょうが、実はそのアメリカも同じ海賊一味に乗っ取られているのです。アメリカという国を裏で操作している強大な勢力があるのです。それを仮に「世界支配層」と呼んでおきましょう。黒幕の裏にいる彼らは決して舞台の上に姿を見せることはありません。表舞台に出ているのは常に「操り人形」だけです。

陰の世界支配層の前では、アメリカの大統領といえども、単なる操り人形でしかありません。アメリカという国は、すでに完全にその勢力の支配下に入っているからです。

そして、かの国にとどめを刺したのが、2001年9月11日の「同時多発テロ」でした。あの事件を口実として、「テロ防止」という名目で国民を監視するカメラが国中のいたるところに設置され、テロの疑いをもたれた人物は無条件に拘束できる法律が施行されて、恐怖社会が完成しました。

「9・11」はアルカイダの犯行に見せかけて、アメリカを裏でコントロールしている「陰の世界支配層」が仕組んだ自作自演の犯行であることが明らかになっていますが、当のアメリカでは、自らの足元で起こったあの事件の真相を暴く自由はまったくありません。多くのアメリカ国民はその真相を知っているはずですが、それを自分の国で口にすることはできないのです。

「平和ボケ」したのどかな日本に住んでいると、そのようなことは作り話だと思われるかもしれません。毎日、テレビでスポーツ番組やお笑い番組を見て疲れを癒している多くの日本人にとっては、どうでもいい話に思えることでしょう。その状態を、私は「銃口に頭を突っ込んでいるのも知らず、無邪気に遊んでいる」と自虐的に評しているのです。

東日本大震災は「日本沈没」を狙った人工地震だった！

津波によって28万人以上の死者を出したスマトラ沖地震の翌年に、私はある衝撃的な本に出会い、私のホームページでその内容を抜粋して紹介しました。その本とは『気象大異変～人類破滅へのカウントダウン』（船瀬俊介・著／リヨン社／２００５年刊）です。まずはその内容にお目通しください。

●――壊滅的被害で死者は２０００万人に

もはや、いつ起こってもおかしくないといわれる巨大地震。それが東海地震だ。さまざまな被害予測が行なわれているが、アメリカ政府も重大な関心を寄せている。米国防総省が秘かに想定した驚愕予測シナリオが存在する。

それは、「マグニチュード９規模の超巨大地震が東海沖で発生した場合、最悪で死者は２０００万人に達する……！」という目の眩む予測だ。これは２００４年12月のスマトラ沖地震と同規模。その結果、「名古屋、東京、大阪から瀬戸内周辺まで壊滅的な被害を受け、死者は２０００万人に達する」という。

予測シナリオを作成したのは米国防総省（ペンタゴン）「ヒュージョン・センター」。アメリカにとって脅威になりうる事象をモニターする世界規模の監視センターである。偵察衛星、地表観察、通信傍受、さらにスパイ活動などで世界中の情報を収集解析している。

アメリカは近年、巨大地震が予想される東海地方の地殻変動などの24時間監視を続けている。

●――原発の爆発を想定か？

それにしても、地震だけで2000万人が死ぬなどということは起こりえない。ペンタゴンは、巨大地震による衝撃と、巨大津波による太平洋岸の原発の爆発という悪夢のシナリオを想定しているのは間違いない。

静岡県御前崎市の浜岡原発が爆発すると約800万人が死亡する……と原発専門家は予測している。アメリカは太平洋岸の2～3基の原発が爆発することを想定しているものと思われる。

●――米軍による日本再占領、統治の悪夢

さらに、アメリカは〝日本国民救助〟の名目で「沖縄に駐留する海兵隊を本土に派遣」して、「空母や艦艇を避難場所として提供する」シナリオまで作成している。こうして、「米軍が主導権を握って、世界中の救助活動の指揮系統を作成する」という。

これは別の言い方をすれば、巨大地震に〝便乗〟したアメリカ軍部による日本再占領だ。2000万人もの死者を出し、世界の経済・金融の一大センター東京は壊滅。もはや日本は独立国としての体をなしえない。
そこでアメリカが再占領して日本を〝統治〟する。国連決議でこれを認めさせれば、日本はアメリカの委任統治国となる。プエルトリコ並みの正真正銘の〝属国〟となるわけだ。アメリカに貸し付けた長期国債の数百兆円は、復旧支援の名目で〝踏み倒される〟のではないか。ここまで先を読み、地震大国日本に原発をたくみに売りつけたアメリカの深謀遠慮はたいしたものだ……。

「東海地震」を「東北地方太平洋沖地震」に、「浜岡原発」を「福島第一原発」に置き換えると、まさに2011年3月11日の東日本大震災を予測（予定）しているかのような内容で、次の3点は実現しました。

① マグニチュード9の巨大地震が発生した。
② アメリカは〝日本国民救助〟の名目で海兵隊を本土に派遣した（トモダチ作戦）。
③ 太平洋岸にある福島第一原発3基が爆発した。

そして、実現しなかったのは次の④〜⑥です。

④　最悪２０００万人の人が亡くなる。
⑤　金融センターとしての東京は壊滅し、日本は独立国としての体をなしえない。
⑥　アメリカが再占領して日本を〝統治〟する。

④〜⑥はセットのもので、もし東京を襲った地震によってビルや道路、交通機関などが崩壊し、建物が炎上することになっていれば、あの時都内にいた人達は炎に包まれ、ほとんどの人が命を落とすことになっていたでしょう。アメリカの予測にある「死者数２０００万人」の大半は東京をはじめ関東圏の人を想定していたものと思われます。それによって日本は国家機能を喪失し、海上に待機していたアメリカの海兵隊による救助を受けて、アメリカをはじめとする外国の委任統治国となっていたはずでした。

ところが、首都東京が壊滅的な被害を受けなかったことで、アメリカ（を裏から支配している層）の思惑が外れてしまったのです。彼らは同じ時期に富士山の噴火を引き起こそうと画策していたことが明らかになっていますが、このあたりの内容は「第一章／日本沈没編」で詳しく説明します。

私はこの船瀬氏の書籍をホームページで紹介し、「日本破壊を目的として人工的に地震や津波を発生させる計画が密かに練られているのではないか」という予測を述べています。不幸にも私の予測は的中してしまいましたが、アメリカ（を裏から支配している層）の目的である「日本再占領」

は実現しませんでした。太平洋上に待機していたアメリカの海兵隊は、〝トモダチ作戦〟と銘打って地震の後片付けでお茶を濁して帰って行ったのです。

しかしながら海賊たちは「日本丸」の沈没（国家破産と主権の喪失）を諦めてはいないのです。アメリカ（を裏から支配している層）は、今度は決して不首尾のないように綿密な仕込みをして日本沈没を実行に移そうとしているのは間違いありません。「日本沈没」は彼らの長年にわたる実行目標だからです。

人工地震と断定できる状況証拠は山ほどある

今でも「東日本大震災が人工地震であるはずがない」と思う人は、そう思う根拠がなんであるかを自らに問い直してみてください。「私はなぜ東日本大震災が人工地震・人工津波ではないと言い切れるのか？」と。

案外「誰もそんなことは言っていないから」といった程度ではないでしょうか。要するに「人工地震かどうかなど考えたことがない」という人がほとんどでしょう。「今となっては済んでしまったことだから、どちらでもいいじゃないか」と思う人がいるかもしれません。しかしながら、自然災害としての地震・津波と人工地震・津波ではその後の展開がまったく違ってきます。人工地震には必ず目的があり、その目的が達成されていなければ、再度新たな、そしてより強力な攻撃を仕掛けてくることになるからです。

いまその計画が綿密に準備されつつあると見なければなりません。すでに、海賊一味の支配下にある日本のマスコミが、最近では首都直下地震や南海トラフ巨大地震、富士山の噴火などが確実に起こるかのような報道を繰り返しています。まもなく起こす予定の地震や津波、火山の噴火などが人工的なものだと気づかれないように、周到に布石を打っているということでしょう。

それに呼応するかのように、これまで一度もまともな地震予知をしたことのない政府の機関が、国をあげて南海トラフ地震による津波対策を各方面に呼びかけているのも、海賊一味から人工地震テロを予告されているからと見る必要があります。海賊の命令に背くことはできないまでも、被害をできるだけ小規模に抑えようと、それなりの配慮をしているのです。

ここまで情勢が緊迫しているのに、未だに「東日本大震災が人工地震・津波であるはずがない」と考える根拠は何でしょうか。おおよそ次の3点ではないかと思われます。

①現在の科学技術で人工的に地震が起こせるはずがない。
②もし人工地震だったとしたら、政府やマスコミが気づいて問題にするはずなのに、そのような報道は一度もされていない。
③日本が人工地震テロに狙われる理由がない。

それぞれについて、それがまったく根拠のないものであることを簡単に説明しておきましょう。

① 現在の技術で人工的に地震が起こせるはずがない。

実は、地震や津波を起こす技術はとっくの昔に確立しているのです。人工地震に関するニュースは、1950年代から1980年代の前半にかけて朝日新聞や読売新聞などの全国紙でもたびたび報道されてきました。しかも、1970年代にソ連（現ロシア）とアメリカは「お互いの国を地震や天候兵器で攻撃しない」という協定を結んだことが新聞で報道されています。これも、すでにこの時点で地震兵器が開発されていることを証明しています。でなければ、このような協定を結ぶ必要はないからです。ただ、この協定の問題点は、お互いの国を攻撃し合わないにしても、他の国に対して使うことまで制限しているわけではないということです。つまり、アメリカが日本に対して気象兵器を使うことを禁じる協定ではありません。

地震や津波などを人工的に起こす気象兵器は、核兵器と違って自然災害に見せることができ、しかも、被害は甚大なので彼らにとっては有効に使いたい武器として温存しているのです。特に、攻撃の対象国と考えている日本の国民には知られないようにして。

しかし、元NHKの職員の中に「東日本大震災はアメリカが起こした人工地震テロではないか」と考えた人がいたのです。そのことを示唆するかのように、戦争末期に日本を襲った不可思議な地震の状況をドキュメンタリー仕立てにして、東日本大震災のあった2011年の8月10日にNHKがテレビの特番で放送しています。［証言記録　市民たちの戦争］封印された大震災～愛知・半田

～という番組で、現在はネットのYouTubeで見ることができます。

それによりますと、アメリカは日本が真珠湾を攻撃した12月7日という因縁の日を選んで、名古屋にあった軍需工場を狙って地震攻撃を行なったのです。そして、その数日後に空からB29が「地震の次は何をお見舞いしましょうか?」と日本語で書かれたビラをまいてあざ笑っています。

このYouTubeはぜひ見ていただきたいと思いますが、実はこの番組をつくったNHKの嘱託職員夫妻は、この放送の日に自宅の1階と2階でそれぞれ死体で発見されています。「秘密を暴露した者に対する見せしめ」とも思える事件です。

② もし人工地震だとしたら、政府やマスコミが問題にするはずだ。

今ご紹介したNHK職員の不審死事件のように、日本の報道機関が海賊一味に都合の悪いニュースを流すとキツい〝お仕置き〟があるのです。東日本大震災の地震と津波、原発事故は彼らの手によるものですから、それは次の地震・津波テロまでは隠しておかなくてはならないのです。人工地震を示唆するような報道をした者は容赦なくお仕置きを受けることになります。先ほどのNHK職員は、自らの命を賭して「アメリカは以前にも日本に対して人工地震兵器を使っていたのですよ」と、日本国民に真実を伝えてくれたのです。

この国「日本丸」は早くから海賊に乗っ取られているわけですから、海賊のやることを批判したり、暴露したりする者は命を狙われることになります。それでも、勇気ある一部の国会議員が衆議院復興特別委員会（2011年7月11日）で、今回の地震が人工地震であることを臭わせるような質疑応答を行なっています。その内容もネットのYouTubeで見ることができます。
質問をしたのは当時「みんなの党」の柿沢議員、答えたのは政務官をしていた浜田和幸議員です。二人のやりとりの内容（要旨）は次の通りです。

■みんなの党　柿沢議員

浜田政務官は論文で「アメリカが気象コントロール技術を研究していて、2004年のインドネシア・スマトラ沖地震と巨大津波もアメリカの開発した地震兵器、津波兵器が引き起こしたものである疑いがある」と述べているが、こんな人を登用するとアメリカは復興に協力しなくなるのではないか。

■浜田政務官

地震兵器とか自然改変装置というのは別にアメリカだけではなくて、旧ソ連も今のロシアも中国も多くの国々が研究開発に取り組んできた事実がある。地震あるいは津波を人工的に起こすということが技術的に十分可能だと言われているのは国際政治軍事上においては常識化されている。

国会で質疑を行なう場合、基本的には事前に質問する側と答弁する側で内容のすりあわせが行なわれます。質問の内容は党内で十分に確認して決められるのです。ところが、この場合の質問内容は何を目的としたのかがわかりません。わざわざ国会の場でやりとりすることではないからです。事務レベルで忠告をすれば済む内容をあえてテレビの国会中継の場に持ち込んだことにはそれなりの意図があるのではないかと思います。

つまり、「東日本大震災はアメリカが仕掛けた人工地震だった疑いがある」と言いたくても言えないので、あえてこのような国会でのやりとりを行なって、国会議員はもちろん、テレビを見た国民にもぜひ気づいてほしいという決死の行為ではなかったかと思うのです。もちろん、ご本人たちに確かめたわけではなく、私の推測ですが。

当然、海賊の一味からすれば許しがたい行為ということになります。浜田氏と柿沢氏（というより柿沢氏が所属していた「みんなの党」の党首＝渡辺喜美氏）がその後どのような運命をたどっているかは注目する必要があります。二人とも個人的な問題で週刊誌でスキャンダルを暴かれ、渡辺氏は衆院選挙で落選。その後「みんなの党」は解党しています。アメリカからのお仕置きと見ていいでしょう。

アメリカを人工地震・津波の犯人扱いにするような国会答弁があれば、アメリカ政府から猛烈な抗議があるはずですが、そのような抗議があったというニュースは耳にしません。アメリカが表面上の抗議をしなかった理由は一つしか考えられません。それは、「事実」だからです。もし抗議すれば、国会でのこのやりとりに日本の国民の関心が集まり、人工地震についての認識が広がることになります。それでは次の手が打ちにくくなります。

また、国会で「人工地震」をめぐってこのようなやりとりがあったのに、日本の主要マスコミはまったく反応していません。不気味なほど静かな対応ぶりです。そこにこそ、この国の危うさが見て取れると言えるでしょう。海賊（世界支配層）の支配下に置かれている日本の主要マスコミは、彼らの意に反する報道は決してできないことがわかります。

③ 日本が人工地震テロに狙われる理由がない。

最後に、これが最も大切なのですが、「日本が狙われる理由」です。

これを簡単に言いますと、日本人は彼らにとって最も扱いにくい動物（黄色い猿）だからです。彼らから見れば、日本という国は「猿の惑星」なのです。映画「猿の惑星」のモデルが日本であることは今ではよく知られていますが、日本人は「猿」の割に頭がよくて管理しにくい民族なので、できれば殺してしまいたいのです。しかしながら、もう一度原爆を落として殺戮するわけにはいかないので、自然災害を装った人工地震・津波や富士山の噴火などによってこの国を沈没させようと狙っているということです。「猿」である日本人がそのことに気がつかないように、マスコミを巧妙にコントロールしながら周到に準備をしていることが読み取れます。

彼らが日本支配の大きなくさびを打ち込んだ明治維新以降、日本の西洋化、富国強兵のスピードは彼らの予測をはるかに超えるものだったと思われます。国民の識字率の高さをはじめ、その勤勉な国民性は、当時のアジアの他の地域とはまったく違っていたからです。そこで、彼らが仕組んで戦わせた日露戦争でも、日本は予想に反して、当時世界最強と言われていた軍事大国ロシアを破るほど国民の士気が高い民族でした。

最後は、日本国内に植え付けておいたエージェント（手先）とアメリカのルーズヴェルト大統領を活用して太平洋戦争に引きずり込み、日本全土の無差別空襲と広島・長崎への世界初の原爆投下によって徹底的に痛めつけたのでした。ところが、国土が廃墟となったというのに戦後の日本の復興はめざましく、一時はアメリカに次ぐ世界第2位（現在は中国に抜かれて第3位）の経済大国になったのです。

日本人は侮れない（管理しにくい）ということで、ついに海賊たちの秘密会議で「日本民族を抹殺してしまえ！」という決定がなされ、自然災害を装った人工地震や津波、あるいは富士山の噴火などを仕組んでいるというわけです。すでに、現在国内の主要なポジションに植え付けてあるエージェント（手先）たちにはその計画が通達されているものと思われます。

日本潰しのために次はどんな手を打ってくるのか？

ここで留意しないといけないのは、東日本大震災で海賊一味（世界支配層）は日本沈没を実現させられなかったという事実です。中でも、彼らの最大の誤算は国家機能の喪失に不可欠の首都直撃の地震の被害が軽微に終わったことでしょう。また福島第一原発の爆発に伴うメルトダウンが現時点では破局的状況に至っていないこと、そして富士山の噴火が不発に終わったことなどが重なって、日本沈没を実現させることができなかったのです。

しかし、彼らはこれで諦めることはありません。必ずさらに過激な次の手を打ってきます。ですから、大事なのは彼らが次にどんな手を打ってくるのかということです。彼らのコントロール下にある政府や主要マスコミの動きを見ていますと、今度は決して失敗することのない手を綿密に準備中であることがわかります。詳しくは「第三章／試練編」で説明しますが、整理すると次の三つが「日本丸」に仕掛けられつつある時限爆弾だと思われます。

［時限爆弾①］　首都直下地震と南海トラフ巨大地震・津波、富士山の噴火

海賊一味は、彼らが支配下に置いている日本の主要なマスコミを使って、これから日本を襲う地震や津波、火山の噴火などが純粋な自然災害であると思わせるための布石を打っています。新聞、テレビから雑誌に至るまで、いまや首都直下地震や南海トラフ巨大地震、富士山の噴火は必ず起こるかのように大合唱をしているのです。これは即ち首都直下地震と南海トラフ巨大地震、富士山の噴火などが、海賊一味が次に準備している日本攻撃の内容であることを示唆しています。

地震や津波の対策として政府が主導して進めていることを善意に解釈すれば、海賊一味の計画を明らかにすることが許されない中で、日本と日本国民の被害をできるだけ小さくするための対策を促していると見ることもできます。先祖代々同じ国土の上で一緒に生活をしてきて、同じ言葉を話し、同じ日本民族の血が流れているのであれば、少しぐらいは国民のことを思う惻隠の情が働いてもおかしくないからです。

［時限爆弾②］　国家財政破綻による大多数の日本国民の窮乏化

これは［時限爆弾①］に付随して起こることです。すでにアメリカはその〝対策〟を考えていると言われています。〝対策〟の内容は日本救済という名目での「日本再占領」ということです。二重三重に準備した氷山にぶつかるように「日本丸」を誘導して沈没させたあと、「第二次トモダチ作戦」で助けてくれるというわけです。アメリカ（を裏から支配する層）は、他人の家に火を付けておいて消火に駆けつけるという、文字通りマッチポンプをやろうとしているのです。

その結果、日本国民はどういう状況に陥るのか、ということについては「第三章／試練編」で詳しく説明します。一口に言えば「今日の食べ物にも事欠くような窮乏生活を強いられる」ということです。首都直下の人工地震と富士山の噴火によって首都が壊滅し、南海トラフ巨大地震で太平洋ベルト地帯が巨大な津波の被害を受けるとすれば、それだけの広域の被災地に救助の手を差し伸べる力は国内にはないからです。

そのことを暗示するような「日月神示（ひふみ神示）」の一節を紹介しておきましょう。

エドはどうしても火の海ぞ。それより外やり方ないと神々様申しておられるぞ。（中略）一握りの米に泣くことあると知らしてあろうがな。米ばかりでないぞ。何もかも、人間もなくなるところまで行かねばならんのぞ。

［時限爆弾③］　中国による日本国土の破壊と日本国民の蹂躙

これも［時限爆弾①］と前後して起こる事態でしょう。黄色人種同士を争わせるのが海賊（白人）たちの狙いだからです。中国の若者に「日本は南京で多くの中国人を虐殺した侵略国である」という嘘の歴史を教え、敵愾心を植え付けた上で、アメリカが起こす米中戦争に日本を巻き込んで、「あとはアジア人同士でやってくれ」と自らは手を引くシナリオがすでにアメリカ（を裏から支配する層）によって作られています。いま安倍政権のもとで着々と進められている憲法改正の動きや集団的自衛権の導入は、日中戦争を前提とした条件整備ということです。

その結果、日本はかつてのチベットと同じように、国民が中国軍に蹂躙され、民族浄化が進められることになるでしょう。抵抗する男性は収容所に送られ、若い女性は〝従軍慰安婦〟として中国の若者の餌食にされるという事態も覚悟しておく必要があります。いま中国や韓国のマスコミが煽動している「南京大虐殺」や「慰安婦の強制連行」というでっち上げは、これから「日本人が我々に対してやったから、我々も日本人に対してやるのだ」という口実作りのための布石だと思われるからです。日本の自衛隊は地震や富士山の噴火で被災地の救助に釘付けになっているため、侵略してきた中国軍に反撃する余力はないはずです。

「日本沈没」の日が来るとわかっているので、中国の李鵬首相（当時）が1995年にオーストラリアの野党党首との会談の席上で、「あと20年もすれば日本という国はなくなっているでしょう」と意味深な発言をしたに違いありません。

この李鵬という人物はロスチャイルドやロックフェラーと同類の「世界支配層の一角にいる人物」と見られています。現在の中国を裏から支配している一族の一人なのです。

その李鵬元首相の発言の20年後は2015年ですが、もし2011年に起こった（彼らが起こした）東日本大震災で首都東京が関東大震災級の壊滅的な被害を受けていれば、日本は間違いなく国家機能を喪失していたでしょう。1995年に都市型地震の効果を試すため彼らが仕掛けた阪神・淡路大震災の被害状況から判断して、首都東京の崩壊は確実と見ていた世界支配層は、この震災を口実としてアメリカの手で日本を再占領する青写真を持っていたものと思われます。

沈没していくのは日本だけなのか

私は、日本に仕掛けられた三つの時限爆弾が、同時多発かあるいは相次いで爆発するようにセットされているのは間違いないと見ています。その結果日本は、早くからアメリカが予測しているように国家機能を喪失し、アメリカに再占領され、場合によってはその国土の半分を中国と分割統治する形が取られる可能性があります。なぜなら、米中の間には「日本の分割統治」について密約があると思われるからです。具体的には、富士山の噴火による溶岩流で東西の交通網が遮断された西日本を中国が、東日本をアメリカが統治するというものです。

こうして、かつてローマに滅ぼされたカルタゴと同じように、日本という国家は世界地図から消えてしまうことになります。「20年もすれば日本という国はなくなる」という「李鵬予言」が的中するのです。しかも、表面上は「トモダチ」を装うアメリカと違って、中国はかつての「侵略」のお返しとばかりに、日本国民に対して容赦ない復讐劇を演じることでしょう。チベットの悲劇が再現される可能性大です。

このように、日本が国を奪われてしまうような事態に陥ることは、明治時代に出口ナオという人物に降ろされた神示の中に警告として繰り返し述べられています。その神示集は『大本神諭』（東洋文庫）というタイトルで出版されていますが、神示の元となる神様は「艮《うしとら》の金神《こんじん》」ということで、最近話題になっている「日月神示（ひふみ神示）」と同じです。

それでは、その『大本神諭・火の巻』から、関係深い一節をご紹介しましょう。（原文を現代仮名づかいに改めました）

……我が身さえ都合が善ければよいと申して、日本魂の種を外国に引き抜かれてしもうて、国のこと一つも思わず、外国に国を奪われても別に何とも思わず、心配もいたさぬ腰抜け人民ばかりで、この先はどうして世が立ちていくと思うているか、わからんと申してもあんまりであるぞよ。

この神示の中に「外国に国を奪われる」という表現があります。まさに今日の日本の状況を言い当てているかのような内容ですが、「大本神諭」の神様は、単に日本という国の崩壊を憂慮しておられるわけではなく、これから訪れる地球レベルの異変を前にして、世界のひな型としての日本の国民が正しい心の持ち方をしなければならないのに、外国の影響を受けてあまりにも堕落していることに警鐘を鳴らしておられるのです。

そういうわけで、「日本沈没」の意味も、単に日本という国が沈没していくことを憂慮しているわけではありません。すでに「日本沈没」の兆候は社会の随所に現れていますが、それはやがて世界に波及して、現在の地球文明そのものの崩壊へと進んでいくと思われます。その結果、世界中の人々が大パニックに陥ることになり、現文明の破局が訪れるということです。その破局のことを神示では「大峠（世の終わり）」と呼んでいます。

ただし、「世の終わり」は人類の滅亡を意味しているわけではなく、今日の科学文明がいったんご破算にされるということです。ご破算の形がどういうものになるかは、本編でじっくり説明をしてまいりますが、「世の終わり」のあとには「新しい世界」が始まるということが、新約聖書や「日月神示」などに述べられています。

ただし、世界中のすべての人が「新しい世界」の住人になれるわけではないというところが問題なのです。そのことは「大本神諭」や「日月神示」では「神と獣を分ける」と繰り返し述べられています。また新約聖書の中にも同様の記述があります。聖書的に言えば、世の終わりにおいて、人は選別されるということです。

これから時間のスピードがますます速くなり、人の性質も大きく二極分化をしていくと思われますが、その過程で「全体利益を大切に考える人々（光の子）」と「自分さえ助かればよいと考える自己中心的な人々（獣的人間）」に分かれていくことになるのでしょう。「善き人はますますその善さに磨きがかかり、悪しき人は更にその悪しき性質を強めていく」という時代を迎えているということです。私たちが「世の終わり」のときに直面する内容だと思っておく必要があります。

「世の終わり」を別な言葉で言いますと、「過去あるいは過去世において積み上げてきた善くないカルマが清算されていく」ということです。「日月神示」や「大本神諭」ではそのことを「（身魂の）大洗濯」とか「大掃除」あるいは「借銭済まし」と表現しています。

このあたりの内容は「第五章／カルマ編」で詳しく説明します。

終末の時代に正しく強く生きる智恵とは？

さて、「日本沈没」を引き金として始まる世界大動乱の時代に、私たちはどう向き合えばよいのでしょうか。ここまで読み進めてきた人は、漠然とした不安と恐怖心に駆られているかもしれません。しかしながら、私は恐怖心を煽りたいわけではなく、むしろその逆なのです。

いまマスコミが首都直下地震や南海トラフ巨大地震、あるいは富士山の噴火などを不可避の自然現象であるかのように報道していますが、その背景に何があるのかということを解き明かし、覚悟を決めて事態に備えてほしいと思うからです。

何も知らないままノー天気に暮らしていて、突然の大きな自然災害によって日本の国家機能が奪われるという事態が起これば、多くの人は周章狼狽することでしょう。それでは、日本中が阿鼻叫喚の巷と化してしまいます。人にたとえると「突然のガン宣告」のようなもので、茫然自失して何をすればよいのかわからない状態になるはずです。それを避けるには、日頃から最悪の事態を予測し、心の準備をしておく必要があります。見苦しく取り乱すのでなく、落ち着いて対処し、強く、正しく生きることが大切であるということです。

この本で最も書きたかったことは「終末の時代を正しく強く生きていくためにはどうすればよいか」ということです。本文中の随所に、そのことについての私の考え方を織り込んでいます。あなたのこれまでの生き方を変えるきっかけにしていただければ幸甚です。

第一章　日本沈没編

世界支配層は人工地震で東京を火の海にして、
世界大恐慌の引き金とするつもり。

一般のマスコミはまったくそのような情報は報じませんが、ネット上では「東日本大震災は人工地震だった」という情報が飛び交っています。「東日本大震災」「人工地震」などのキーワードで検索して、いろいろと読み比べていただきたいと思います。また、YouTubeによる情報も参考になるものがたくさんあります。

書籍では、泉パウロ氏の『3・11人工地震でなぜ日本は狙われたか』シリーズ（Ⅰ～Ⅵ）や、リチャード・コシミズ氏の『3・11同時多発人工地震テロ』が大変参考になります。東日本大震災が人工地震であることにまだ疑問を感じる方には、購読をお勧めします。

しかしながら、本稿は「東日本大震災が人工地震であったかどうか」を検証するという段階にとどまるのでなく、人工地震を起こした真犯人とその目的を明らかにし、次にどのような攻撃を仕掛けてくるのかを予測することにあります。

最初に私の結論を申しますと、「東日本大震災はアメリカ（を裏から支配する層）が仕掛けた日本民族虐殺のための人工地震・津波テロだった」ということです。しかしながら、アメリカ（を裏から支配する層）は当初の目的を達成することができなかったのです。それはなぜか、ということも見ていきたいと思います。

そして、アメリカ（を裏から支配する層）によるわが国に対する人工地震攻撃は、これまでにもたびたび繰り返されてきたという事実も明らかにしていきます。「同盟国」という名目で日本国民の税金で軍隊を駐留させ、戦後70年にわたってこの国を属国として監視し続けてきた彼らの目的を知ることは、日本国民が戦後の長い眠りから目ざめるきっかけになると思うからです。

さらに、もう一つの私の結論は、アメリカ（を裏から支配する層）は、次に計画している人工地震・津波テロによってこの国の国民2000万人を虐殺し、首都・東京を崩壊させることによって、日本を再占領することを目的としているということです。

そして、占領したこの国を富士山を境に東西に分割し、西日本については中国の管理下に置く計画になっていると考えられます。これにより、世界地図から「日本」という国の名は消え、文字通り「日本沈没」が実現することになります。これは決して白日夢ではないという証拠を、「第二章／陰謀編」で詳しく説明していきます。

その前に、「日本沈没」を狙って海賊一味（世界支配層）が実行した東日本大震災が人工地震であるという事実を見ていくことにします。

東日本大震災が人工地震であると考えられる状況証拠の数々

以下、人工地震に関する記述の参考文献は『3・11［人工地震説の根拠］衝撃検証』（泉パウロ・著／ヒカルランド）です。紙幅の関係で、原文を尊重しつつ文意ごとに箇条書きに整理させていただきました。

（1）地震・津波の不思議

■3・11では、「ぴったり4回、20分ごとの地震」が起こっていた！

①東日本大震災のデータを見ると、14時46分にM9・0の地震が起き、第一波の津波が発生。
②地震発生からちょうど20分後の15時06分にM7・0の地震が起き、第二波の津波が発生。
③さらに20分後の15時26分にM7・2の地震が起き、第三波の津波が発生。
④それからまた20分後の15時46分にM5・7の地震が起き、第四波の津波が発生。

神様が時計を見ながら20分おきに海底を揺らして津波を起こしたのでしょうか。その結果、アメリカ本土やハワイには大きな津波が行かず、ぶつかり合って巨大化した津波が日本だけに届くことになったのです。自然界にもある「異常波浪」と呼ばれる現象を、神様でなければ誰かが日本を標的として人工的に発生させたことになります。

■首都東京はピンポイント攻撃を受けていた！

3月11日の東北の地震の翌日から、東京湾内・海ほたる近くを震源に連発地震が起きましたが、気象庁等が公表したデータでは、10回以上も同じ場所、同じ深さが震源となっていたのです。まったく同じ震源で10回以上も繰り返される地震は自然界では決してありえない異常現象です。

その他、人工地震の裏付けともなる次のような事実が明らかになっています。

①海底の岩盤に直接ドリルを打ち込んで深くボーリング工事できる日米主導の科学掘削船「ちきゅう」が海ほたるに長期滞在していた。
②この船はなぜか、震災前後にいつもそこにいたというGPS履歴による足跡がネット上に残されている。
③この船で固い岩盤をボーリングして穴を空け、純粋小型水爆を繰り返し投入してはリモート起爆し、1923年の関東大震災を再現しようとしていたのではないかと噂されている。
④もともと海ほたる一帯の埋め立て工事を担当したのは、年間売上4兆円を超す世界最大のゼネコンでアメリカのユダヤ系資本ベクテル社である。
⑤昔から「ベクテル社が工事をしたところに地震あり」と言われている。
⑥阪神・淡路大震災の震源地、明石海峡大橋の真下もベクテル社が工事をした。
⑦他に青森県六ヶ所村の核燃料再処理工場建設、東京湾横断道路の建設、関西空港の建設、羽田空港ビルの建設など高額で重大なプロジェクトにベクテル社が参入している。

■科学掘削船「ちきゅう」の乗組員が、その目的に「人工地震」があることを暴露！

①「ちきゅう」の乗組員がインタビューの中で、「その他、人工地震等を発生させまして、その地震波を測定するための装置です」と口を滑らせてしまった。

②このインタビューの動画映像がネットで公開され、拡散している。

ネットの情報では、口を滑らせたこの乗組員はその後行方不明になっているようです。どうやら科学掘削船「ちきゅう」は人工地震発生装置と言えそうです。「ちきゅう」が動き回る所に地震あり、と記憶しておきたいと思います。

(2) 福島第一原発事故の不思議

東日本大震災から約1年後の2012年2月10日の読売新聞（朝刊）1面に、原発に関して次のような記事が載っていました。（要旨を箇条書きにしました）

■原発作業員の身元調査／原子力委方針／テロ防止へ義務化

①内閣府原子力委員会の専門部会は、原子力施設で働く作業員の身元調査を事業者に義務づけるよう政府に求める方針を固めた。
②東京電力福島第一原発事故の現場作業員10人の所在が今も不明であるなど、監理の甘さが露呈したことから、作業員を装ったテロ犯の原発での破壊行為を防ぐのが狙い。
③2001年の米同時テロ以降、世界の原発では外部からのテロ攻撃を防ぐため、厳重な警備体制が敷かれている。
④福島第一原発事故の作業には連日3人以上が従事したが、その後の作業員の追跡調査で身元情報の不備が判明。
⑤中央制御室以外の警備は手薄で、電源や冷却装置周辺はテロの標的になることもわかった。

これまでテロを想定した安全対策がなされていなかったことには驚かされますが、政府が割と急いでテロ対策をとりまとめるに至った背景には何があるのでしょうか。それは、今回の福島原発事故はテロによる可能性が高いことを認識しているからです。しかしながら、アメリカの属国の立場ではそれを明らかにすることはできないのです。

この記事からわかることは「電源や冷却装置周辺はテロの標的になり得る」ということです。今回の福島原発の爆発は、「全電源が喪失し、冷却装置が働かなくなったため」で、「想定外の津波が原因である」ということにされました。政府も東電も（従ってマスコミも）、「悪いのは想定外の津波だ」と言わんばかりです。

そう言いながら、この読売新聞の記事によれば「想定外の津波がこなくても、テロによって電源や冷却装置を破壊されれば原発は爆発させられる」と、政府（内閣府）は言っているのです。

ただし、地震も津波もないときにそのようなテロが実行されれば、当然「犯人捜し」が行なわれ、テロを命じた黒幕もあぶり出されて国際的に糾弾されることになるでしょう。ですから、地震による大津波を理由にする必要があったのです。つまり、「地震による津波が原因」という〝口実〟が先に作られて、原発の作業員が避難したあと、作業員として紛れ込んでいたテロの実行犯が、堂々と「電源や冷却装置」に手を加えて故障させた、ということではないかと思います。

原発はその3月12日の1号機の爆発に続いて、3月14日と15日に3号機から4号機までが相次いで爆発を起こしています。特に3号機の爆発は「全電源の喪失」が原因とは思えない異常な大爆発となっており、どう見ても核爆発だと言われています。確かにネットにアップされている映像を見ますと、水素爆発ではあり得ない黒煙を空高く巻き上げており、1号機の爆発とは明らかに違っています。

運転停止中なのに4号機が大爆発したのも異常です。分厚いコンクリートの壁に囲まれた強靱な建物が見るも無惨に破壊されているのは、素人が見ても普通の爆発ではなく、何らかの爆発物が仕掛けられていたとしか考えられないものです。そのためか、この4号機の爆発の写真は日本国内のメディアではまったく報道されていないのです。

その後、事故の原因調査も進んでいるはずですが、放射能に汚染された原発建屋に入ることができないという理由で、真相は闇の中におかれたまま、「想定外の津波」が〝真犯人〟ということにされてしまいました。最も真実を知る立場にあった東電の吉田昌郎所長は、突然病気になり他界されました。海賊一味が得意とする〝口封じ〟のにおいがプンプンです。命を賭してこの国を守ってくださった故吉田所長のご冥福を祈りたいと思います。

さて、多くの国民から批判を浴びながらも、東電が原発事故の責任をとろうとしないのは、それがテロの仕業であることがわかっているからでしょう。「テロ対策は民間の企業ではできない。国の責任だ」という東電首脳の歯ぎしりが聞こえるような気がします。

震災後しばらくして、CNNが、福島原発で働いていた技術者の不審死とも思えるニュースを以下のように報じていました。

■ 不明の作業員2人を遺体で発見　福島第一原発
2011.04.03 Sun posted at: 13:03 JST
（CNN）　東京電力は3日、福島第一原子力発電所で3月11日の東日本大震災以来行方不明となっていた作業員2人の遺体が、4号機のタービン建屋地下で見つかったことを明らかにした。東電が同日の記者会見で発表したところによると、2人は21歳と24歳の男性。震災発生当時、現場で作業中だったとみられる。
2人とも複数の外傷と大量出血の形跡があり、1人の遺体は地下のたまり水に浮いていたという。発表によると、遺体は3月30日に発見されていた。

「2人とも複数の外傷と大量出血の形跡」というところが引っかかります。「何者かに襲われて殺された」と見るべきでしょう。3月30日に発見されているのに、その発表が遅れたのは、不審な死に方だったため死因の検査が行なわれていたためだと思われます。

地震でほとんどの作業員が避難したあとの建屋内に何者かが侵入して、そこに残っていた作業員を殺し、時限爆弾をセットした、というのが私の推測です。

■ 原発事故は、この犯行に不可欠な要素だった!

① 政府高官も保安院も東電上層部も暗黙の了解の上での犯行と思われる。
② テレビには絶対出してもらえない本物の専門家たちは、原発爆破の瞬間の煙の色等を分析して、「単純に建屋内にたまった水素爆発ではない」と指摘している。
③ 噴出した煙から識別して、9・11のツインタワー爆破と同じ種類の核爆発だと指摘する学者もいる。つまり、使用されたのは小規模爆破可能な純粋水爆と考えられる。

④原発の電気系統を破壊したのはスタックスネットと名づけられたイスラエル製のコンピューターウイルスである。このウイルスの混入がなければ原発施設が被害を受けても第二第三の修復機能が作動して容易に自己回復して正常に稼動していたはず。
⑤大型旅客機が激突しても壊れないほど頑丈な作りにしてある高性能の原発が、津波の襲来ぐらいで壊れることはない。
⑥壊れるのは唯一、内部に事前設置された純粋水爆のような強力な核爆破の場合のみである。

（3）富士山の周辺地域鳴動地震の不思議

海賊一味は東日本大震災で関東大震災級の首都破壊をもくろんで人工地震テロを実行しましたが、それに加えて富士山の噴火も計画し、何度も試みていたのです。

①3月11日以降、静岡付近を震源とする地震が続いたが、その震源地を調べてみると自然界では絶対ありえない正方形の形の4点になっていた。
②震源地は静岡県東部で、震源の深さは約14キロと異常に浅かった。
③4つの震源地はいずれも人目につかないトラックの入れる道路沿いの行き止まりで、一般の人は立ち入れない自衛隊演習場内だった。

④この演習場は米軍の優先使用の密約があることを北澤防相（当時）も認めている。
⑤米軍が毎年最大270日も独占的に使用ができるので、一般人に見られずに地中をボーリングして純粋水爆を設置できる無法地帯である。

私がかつて富士登山をしたときに、山麓で何度か爆発音が聞こえたことがありました。その時は自衛隊が実弾で演習をしている音かと思っていましたが、この事実を知りますと、米軍が富士山の噴火を促すため地下を掘削する際のダイナマイトの爆発音ではないかと疑いたくなります。

（4）タイミングのよい空からの津波撮影の不思議

①大地震の直後に発生した津波が集落を襲う姿を、上空のヘリから撮影した映像がテレビで流されたが、あのような最適の撮影ポイントに偶然高感度カメラを持ったヘリがいたのは不自然だ。事前にスタンバイして待機していたとしか考えられない。
②その映像に、原発上空を飛行している米軍の無人偵察機が映っていた。あまりにもタイミングがよいので、事前に津波が原発を襲う状況を撮影するために待機していたのかも。
③戦争もない平和な田舎町の上空に、大地震発生後わずか5分で到達する津波の映像を撮影するためにヘリが駆けつけることは考えられない。

④米艦船上で、大津波が陸地に到達するのをリアルタイムで観察していた証拠ではないか。

（5）予定通り駆けつけた（待機していた？）アメリカ艦隊の不思議

①空母ロナルド・レーガンを含む約20隻の艦船が震災から2日後の3月13日に宮城県沖に到着。船なのにいくらなんでも着くのが早すぎる。
②スマトラ沖地震の時も、偶然に米艦隊が通りかかったことになっている。
③空母ロナルド・レーガンが偶然日本の近海にいたとしても、所属の異なる残りの艦船までが一緒にいたというのは不自然である。

東日本大震災はなぜ「日本沈没」に至らなかったのか

ここまでの状況証拠が揃っていれば、「東日本大震災は人工地震・津波であった」ということには疑問の余地がないと言ってよいでしょう。これからはそれを前提に話を進めていきます。

東日本大震災は、人工地震・津波に原発事故をセットにして、日本の首都壊滅と国家機能の喪失、委任統治国化（植民地化）を狙った壮大な「日本民族大虐殺テロ」だったのです。

アメリカ（を裏から支配する層）は「日本沈没」を実現させるため、海ほたるを震源とした首都・

東京を直撃する大地震を誘発しようと再三試みたようですが、次のような事情で大失敗に終わったのです。

①関東ローム層は砂の上に固い岩盤を置いた天然の要塞のような地形のため、砂地をいくら爆破させてもサンドバッグ効果で威力は吸収されてしまった。

②東京湾北部断層をピンポイントに狙って集中攻撃を繰り返した爆破工作でも、関東大震災規模の地震は起こすことはできなかった。

③結果として、3月12日以降続けられた首都攻撃は最大でも震度3しか達成できなかった。

首都東京を直撃する人工地震が関東大震災級の規模にならなかったのは不幸中の幸いではあります。おかげで、今回の「日本沈没」は免れたのです。しかしながら、今後は次のいくつかの点に注意しておかなければなりません。

①テロの真犯人は誰なのか。

②テロを仕掛けた究極の目的は何か。

③仕掛けた連中は目的を達成したと考えているのか。（これでテロは終わりなのか）

①〜③の結論をまとめると次の通りです。

仕掛け人はアメリカ（を裏で操っている世界支配層）で、第一の目的は日本という国を崩壊させて世界地図から消すためでした。しかし、首都直撃の地震の被害が予測よりも小さく、原発のメルトダウンも小康状態を保っているため、目的は達成できなかったのです。そこで、彼らは再び自然災害を装ったテロ攻撃を仕掛けようとしています。すでに日本周辺でそのための準備を進めていると見られます。今度は前回の失敗を踏まえて入念に時限爆弾を埋め込んでいるはずですので、「日本沈没」は避けられない状況です。

アメリカによる「人工地震テロ」は歴史上たびたび繰り返されてきた

アメリカ（を裏から支配する層）が日本に対して人工地震テロを実行したのは東日本大震災が初めてではないのです。おそらく、最初の人工地震による攻撃が、太平洋戦争の末期に愛知県半田市の軍需工場を直撃した「東南海地震」であり、それに続く「三河地震」です。

その後も、さまざまな目的で〝実験〟を繰り返し、2011年の東日本大震災で「日本沈没」を実現させる計画だったと考えられます。

それでは、アメリカが繰り返し実行してきた人工地震の足跡を振り返ってみましょう。

■人工地震で日本を攻撃する秘密計画書が公開されている

アメリカが太平洋戦争中に、原爆の開発と並行して人工地震・津波兵器の研究を重ねていたことを証明する機密計画書が2005年4月に米国で公開されました。計画書のタイトルは「日本本土への地震兵器による心理的軍事作戦」となっています。

この計画書には「日本本土攻撃作戦」という副題が付けられ、その中の「悪魔の攻撃」という章には、「日本人の目を覚まさせるには地獄に飲み込まれたと思わせる必要がある。そのためには、地震を恐れる日本人の特性を徹底的に突くべし。地震攻撃に勝るものはない」と書かれています。また、計画書には、ニュージーランド沖で繰り返された人工地震による巨大津波の写真と分析データが詳細に記載されています。これこそ、将来の日本本土攻撃のための実験報告書だったのです。

そして、現実に終戦の前の年の1944年12月7日（なんとアメリカにとっては「リメンバー・パールハーバーの日」）に、志摩半島沖を震源としたM7・9の東南海地震が日本列島を直撃し、愛知、三重、静岡などで1223人の死者・行方不明者が出ています。しかも、この地震の前にアメリカはB29で空から予告ビラをまいて、次のように脅迫しているのです。

一九二三年諸君の国に大損害を及ぼした彼の大地震を記憶してゐるか。
米国はこれに千倍する損害を生ぜしめる地震をつくり得る。

かくの如き地震は二トン半乃至四トンの包みにして持って来られる。

これらの包みはいづれも数年間をかけた苦心惨憺の賜物を二、三秒間内に破壊し得るのである。

米国式地震を注目して、この威力が放たれた際に大地の振動を感知せよ。

諸君の家屋は崩壊し、工場は焼失し、諸君の家族は死滅するのである。

米国式地震を注目せよ——諸君はそれが発生する時を知るであらう。


1923年の大地震とは関東大震災のことです。

予告ビラどおりに実行された東南海地震では、三菱重工、安立電気、中島飛行機などの工場地帯が壊滅的打撃を受けました。アメリカの新聞は、「大阪から名古屋にわたる軍需工業地帯に大損害」と誇らしげに戦果を報じています。

このときの津波は15メートルにも達し、志摩半島南岸などで村々を壊滅させたと言われていますが、日本政府は国民の戦意喪失を恐れてか、そのことは秘密扱いにしたようです。

一方、アメリカは地震の数日後に再びB29でやってきて、空から「地震の次は何をお見舞いしましょうか」と筆文字で書かれたビラを投下し、日本国民をあざ笑っているのです。

これだけの状況証拠が揃えば、アメリカが原爆投下の前に日本に対して人工地震・津波兵器攻撃を実行したことに疑いの余地はないでしょう。そして、その後2004年のスマトラ沖での実験を踏まえて、2011年3月11日に東日本大震災という形での攻撃を実行したのです。

人工地震・津波兵器の次は原爆で日本民族虐殺を実行した

人工地震・津波では日本に壊滅的な打撃を与えることができなかったことと、もともとアメリカはせっかく製造した2種類の原子爆弾の威力を実践で試してみる計画だったことから、広島と長崎に原爆が投下されたのです。広島、長崎は小倉や京都とともに原爆投下予定地として空襲は控えられ、市街地は日本の他の都市と違って無傷の状態で温存されていたのです。

広島出身の私の知人は、広島に原爆が投下された時は中学生で、被爆しながらも奇跡的に助かったのですが、当時「どうして広島には空襲がないのか不思議だった」と語っていました。その理由は、原爆による一般市民の虐殺効果を計測するため、普通の爆弾による攻撃を控えていたのでした。いかに戦時中とはいえ、一般市民を対象に新型爆弾の威力を試すというアメリカ（を裏から支配する層）の冷酷ぶりには肝が冷やされます。ベトナム戦争のときも空爆で村ごと焼き尽くすようなことを繰り返していましたが、彼らは黄色人種は家畜同然の生き物としか考えていないようです。当然、人工地震・津波によって市街地を破壊することには、何のためらいもないのです。

1945年の夏、すでに連合国側に対して降伏の意思を表明していたにもかかわらず、それをあえて無視してB29による広島・長崎への原爆役下が強行されたのでした。しかしながら、日本が降伏したあとも続けて原爆を落とすことはできませんので、戦争終結後の日本攻撃の切り札として、人工地震・津波兵器は密かに温存し、地球温暖化による自然災害に見せかけて何度か試してきたとすのである。その後ニュージーランド沖で人工津波の実験を繰り返すことによって、原爆よりもはるかに効果が大きい兵器に磨き上げてきたということです。しかも、彼らにとっては都合のよいことに、その兵器はいくら使用しても、地球温暖化による自然災害ということにできますので国際的な非難を受ける心配はないのです。

２００７年の新潟県中越沖地震も原発を狙った人工地震だった

このようなことは荒唐無稽な与太話だと思われる方があるかもしれませんが、２００７年にネット上で「新潟大地震を事前に知り、何十億円も金儲けしている謎の存在がいた」ということが話題になりました。

そのブログの内容を要約しますと、「新潟地震が発生する４日前に、地元の建設会社の株に大量の買い注文が入って、株が暴騰していた」というものです。震災後の復旧工事による特需を見込んでのものと見られます。

当然、震災直後には同社の株は急騰しているのですが、そのときの売買高（出来高）以上のものが、地震発生前に買われていたというのです。このことから、何者かが地震の発生を事前に知らされていて、地震によって高騰すると見られる地元の建設会社の株を大量に買っていた、という事実が浮かび上がります。かくて、このブログの管理人は、「新潟大地震は人工地震ではないか」と推測しているのです。（このブログはすでにネット上から消えています）

「人工地震を起こす前に、そのことを密かに知らされている層が国内にいる」ということは次の情報からもわかります。

以下の文章は『闇の支配者に握り潰された世界を救う技術』（ベンジャミン・フルフォード・著／ランダムハウス講談社）からの抜粋です。

……新潟県中越沖地震は日本に対する脅しであり、わたしへの報復でもあった。

その年の夏、わたしはあるウェブサイト上に、英語でロックフェラーなど欧米の闇の政権の秘密を暴露した。日本の金融機関を欧米の闇の政権に売ったのは、地震兵器で脅されたからだという話を、竹中平蔵元金融担当大臣本人から聞いたからである。

すると日本の公安警察の人に、「あなたがそんなことを書いたから、明日、新潟で地震が起きる」と言われた。翌日、本当に地震が起きた。日本で最も大きな原子力発電所がある地域が、2回もマグニチュード6・8の揺れに襲われた。東京電力に聞いたら、彼らは絶対に地震が起きないはずの場所にその原子力発電所をつくったと言う。地震を起こしたのは秘密政府だ。わたしは、いたたまれない気持ちになった。

この文章から次のことがわかります。

①新潟県中越沖地震は、アメリカが日本に対する脅しの目的で実行した人工地震だった。
②竹中平蔵元金融担当大臣は地震兵器で脅されて、日本の金融機関を欧米の闇の政権に渡した。
③日本の中枢にいる人物、たとえば公安警察の上層部などには人工地震の実施内容（日時・場所・狙いなど）が事前に知らされている。

——ということですから、東日本大震災のような巨大地震・津波による攻撃ともなれば、当然日本の中枢にいる人物たちには事前にその内容が知らされていたはずです。もちろん、絶対に秘密厳守ということで。しかしながら、中にはこの公安警察の人物のようにその秘密を漏らす場合もあるということです。その情報をもとに、地震によって高騰すると思われる建設会社の株を、事前に大量に買い集めた人物がいたということです。

この新潟県中越沖地震では、人工地震による原発の被害がどの程度であるかを試したと思われます。その結果、日本の原発は地震でも耐えられるだけ安全措置がされていることがわかったため、福島第一原発に爆破装置を仕掛け、コンピューター・ウイルスで自動復元装置を狂わせるなどの手を加えたものと考えられます。

阪神・淡路大震災では、大都市直撃地震の被害状況を試した

1995年の阪神・淡路大震災が人工地震であるという情報はネット上ではいろいろと飛び交っ

ています。私もこの地震の被害者の一人なのですが、震災当日（1月17日）の日経新聞夕刊に、自然災害では考えられない出来事を目撃した人のインタビュー記事が載っていました。原文のままその内容を紹介します。

「細く薄い雲のような物が、空の右（西）から左（東）に向け、さっと走った。その直後、3回、雲越しに稲光のような光が見え、激しい揺れでハンドルをとられた」（震源から約40キロ東の伊丹市を南に向けて走行中だったタクシー運転手の吉井好雄さん―37歳―）

「雷が落ちたようにピカッと白い光が目に飛び込んできた」（震源地近くの明石海峡付近で底引き網漁をしていた淡路島・淡路町の大平憲次郎さん―48歳―）

「カメラのストロボをたいたときのように明るくなった」（西宮市から通勤途上だった会社員―48歳―）

大都市神戸を直撃する阪神・淡路大震災を起こした目的は、その後に予定している首都直下地震に備えて、大都市を狙った地震がどの程度の被害を発生させられるかを試したものと思われます。ビルが倒壊し、高速道路が横倒しに倒れ、新幹線の軌道が壊れ、火災が市街地を広範囲に焼き尽くした被害状況は、彼らを十分満足させるものだったことでしょう。それが首都・東京でも起こると考えての首都直撃地震だったと思いますが、そのダメージは彼らの期待を大きく裏切ってしまったのです。

次の「日本民族大虐殺同時多発テロ」はどういう形で実施されるのか？

東日本大震災で「日本沈没」を実現させられなかったことで、彼らは再度準備をして「日本民族大虐殺テロ」を仕掛けてくるのは間違いないでしょう。それがどのような形・規模になるのかは、以下の書籍で著者の船津俊介氏がわかりやすく説明してくれています。

『巨大地震だ、津波だ、逃げろ！』（船瀬俊介・著／ヒカルランド／２０１３年刊）を参考に、次の「日本民族大虐殺・人工地震・津波テロ」の内容を箇条書きにまとめてみました。

（1）首都直下型地震と富士山の噴火

①「首都直下地震は7年以内に１００％起きる」と安倍政権の内閣官房参与の藤井聡京大教授が断言している。（『週刊文春』２０１３／２／７）

②火山学者の多くは「富士山が近いうちに爆発する」と見ている。

③その理由は東日本大震災の影響だ。過去１００年、Ｍ９地震が5か所発生し4か所で巨大噴火している。だから巨大地震と巨大噴火は連動する。

④富士山が噴火すると、火砕流の発生などで犠牲者を多数出す。

⑤溶岩が流れ出す噴火の場合、溶岩流は山麓の森林や市街を焼き尽くし、最後は海に達する。東海道新幹線や東名高速など太平洋ベルトが寸断され経済的打撃は想像を絶する。

⑥首都圏への影響は、大量火山灰の飛来だ。宝永大噴火（1707年）でも江戸は火山灰で覆われた。このミクロの灰は火力発電所のタービンなどに入り込み故障させる。エネルギー危機を招きかねない。また、鉱物質の火山灰は吸い込むと呼吸器疾患の原因となる。目に入ると角膜を損傷する。

（2）南海トラフ大地震

①南海トラフが一瞬ではじける。九州、四国、紀伊半島、東海地方の沿岸を20～30メートルの巨大津波が瞬時に襲う。多くの人口は港湾部、沿岸部に集中している。

②地震発生から数分、避難は絶望的だ。人々は30メートル前後の怒濤に呑まれる。

③最初の一撃で、太平洋岸一帯は全滅する。死者は350万人ですむだろうか？

④アメリカ軍部（ペンタゴン）も南海トラフ巨大地震の極秘シミュレーションを行なっている。その犠牲者予測を知って仰天した。なんと、米国は2000万人の死者を予想……！

（3）原発の爆発

①南海トラフがはじけると浜岡、伊方原発は津波の直撃を受け、次々に爆発するだろう。
②ペンタゴンは日本〝救出〟の「新トモダチ作戦」も立てている。
③大量のアメリカ軍が〝救援〟のために日本に上陸する。これは日本再占領である。
④津波や放射能汚染で2000万人を失った日本は、こうして米軍の管轄下となる。完全な属国化の完了である。
⑤300〜400兆円と言われるアメリカに貸付けた金（米国債）も踏み倒されるだろう。

アメリカ（を裏で支配する層）は「他人の家に火を付けて消火に駆けつける」という文字通りマッチポンプの〝新トモダチ作戦〟を計画しているのです。これこそ、国を挙げた火事場泥棒と言うべきでしょう。火を付ける側は火事の規模も計算できるので、救出作戦も綿密に準備されるということです。

まず注目すべきは、東日本大震災後におけるマスコミの地震や津波に関する報道姿勢です。政府や政府関係機関からのアナウンスを受けて報道されているのはわかりますが、最近では首都直下地震や南海トラフ巨大地震の発生は避けられないといったトーンの報道が相次いでなされています。もしいまそのような巨大地震が起こっても、だれもそれが人工地震だとは思わないように、周到に国民を洗脳しているとしか思えないような報道姿勢です。

最近では「東日本大震災は人工地震・津波だった」という情報がネットを中心にじわじわと広がりつつありますので、次に起こす予定の巨大地震・津波が人工地震であると疑われないように、海賊たち（世界支配層）はマスコミを使って周到に国民の洗脳を実施しているのがうかがえます。

それを受けて、地方の行政や各企業では、ＢＣＰ（事業継続計画）と称して震災に備えた対策に余念がありません。日本の社会全体が、巨大地震と津波を想定しての準備を着々と進めているのです。「第五章／カルマ編」で説明しますが、これによって震災を生み出す精神エネルギー（地震の発生を信じる力）が日本人の集合意識となって異次元に急ピッチで蓄積されつつあると考えられます。そして、地震の対策が完了したあと、たとえば日中戦争の勃発や国家破産宣言といった非常事態が起こって日本国民の関心が地震や津波から離れてしまったころ（忘れたころ）、津波を伴う人工地震の引き金が引かれるのではないかと見ています。

「日本沈没」によって日本国民はどうなるのか？

日本が国家破綻すると何が起こるのか、ということについて優れた分析がされている『世界恐慌か国家破産か（パニック編）』（浅井隆・著／第二海援隊）の内容を参考に、箇条書きにして9項目にまとめてみました。順番に目を通してみてください。

ただし、これは首都直下地震や南海トラフ巨大地震、富士山の噴火などで日本の主要な都市が破壊され、国家機能が停止した事態を想定してのものではありません。それらの「自然災害（を装った）テロ」で産業や生活のインフラが破壊されるならば、その悲惨さはとてもこの程度では済まないでしょう。「日月神示」にある「一日一握りの米に泣く時あるぞ」という状況が生まれるのは確実です。治安は著しく悪化しますので、救援を装った火事場泥棒的略奪や婦女暴行などのテロ攻撃も覚悟しておかなければいけません。

そして、次の段階は、

①日本が破たんすれば、日本円と日本国債が暴落する。
②円安が進行すれば輸入物価特に石油などのエネルギーが高騰し、物価は上がる。
③国内的には物価上昇すなわちインフレという形で国民生活を直撃する。
④特に、年金生活者はインフレにより購買力は低下し、生活は苦しくなる。
⑤景気は冷え込み、倒産する企業も増え、失業者が増加する。
⑥金融機関は破綻し、預金封鎖が実施される。
⑦一般庶民に手が届く食料は瞬く間になくなり食料不足が起こる。
⑧治安の悪化により、支援物資の横流しや闇取引が常態化する。

⑨ 日本全体で、食料争奪の壮絶なサバイバル戦争が始まる。

このあと浅井氏は、単なる国家破産であっても世界大恐慌につながるだろう、という見解を示していますが、それに加えて人工地震・津波等による被害が加われば、日本は完全に破産し、国家機能を喪失することになります。そのことが世界経済に与える影響は浅井氏のこの予測よりもはるかに深刻なものになると思われます。「世界支配層」の思惑通り世界大恐慌が始まるのです。

第二章

陰謀編

真の陰謀は世界に一つしかない。
世界統一政府樹立のための謀略のことだ。

アメリカを裏から操っているのはロックフェラー・グループ

まずは以下の文章にお目通しください。これは1993年に読売新聞に載った記事から拾ったものです。語っているのはエジプトのジャーナリストで、かつてナセル政権下で国民指導相という地位にあったモハメド・H・ヘイカル氏です。

■ 世界を裏で左右する影の帝国

この夏刊行された『激動と勝利』と題する回想録の中で、シュルツ元米国務長官は、世界最強のはずである米国大統領が、国家安全保障会議（NSC）所属の身近な一部補佐官の前では、あまり明けっ広げな話をすることは慎んでいたと書いている。（中略）

シュルツがやや苦々しげに「スタッフたちの帝国」と呼んだものは、ホワイトハウスのオーバル・オフィス（大統領執務室）をはるかに越えて広がる氷山のほんの一角に過ぎない。それには舞台裏で世界政治面の出来事を操ろうとする相互に絡み合った権力同盟の広大なネットワークがかかわっており、その特徴は国境を越え、いかなる種類の憲法上の、あるいは法規的、政治的な責任も免れているところにある。

レーガン大統領時代に国務長官を務めたシュルツ氏がその回想録のなかで、「世界最強の国アメリカを裏から支配する勢力は、世界に広がる広大なネットワークを持っている」という現実を吐露しているのです。この記事が、わが国最大の発行部数を誇る読売新聞の1面に掲載されました。（「世界を裏で左右する影の帝国」という見出しは読売新聞がつけたものです）

最近ではわが国でも「陰謀論」が盛んに論じられるようになっていますが、世界にはたくさんの陰謀があるわけではありません。あるのはただ一つ「新世界秩序を確立する」こと、つまり、「世界統一政府の樹立」に向けての、あの手この手の謀略があるということです。すべての「陰謀」らしきものは一つの目標に向かって進められている同じシナリオの一環と見る必要があります。

『次の超大国は中国だとロックフェラーが決めた　上［技術・諜報］篇』（ヴィクター・ソーン・著／副島隆彦・翻訳・責任編集／徳間書店）から、その「陰謀」の首謀者たちによってアメリカの大統領がどのように操られているかがわかる内容をご紹介します。

■アメリカの大統領職を支配しているのは誰か

今のアメリカ国民には、自分たちの次期大統領を誰にするかの決定権が一切ない。ゼロ、皆無である。

なぜわたしがここまで断言できるのか。著名な経済学者スーザン・ジョージによれば「市場の55

パーセント以上を、四つ以下の企業が支配している場合、それは寡占状態に当たる。このことは経済学者が一般に認めるところである」。

「寡占とは少数の競合する売り手が、製品やサービスの量と値段を多数の買い手に対して支配すること」と定義される。アメリカの大統領は選出されるのではなく、少数の特定の人々によって〝選抜〟されているのではないか。この見方をすると、大統領を彼らが選ぶだけでなく、大統領顧問団や政策までも決定する組織が三つある。それは外交問題評議会（CFR）、三極委員会、ビルダーバーグの三つだ。この意味ではアメリカ合衆国は民主政治とはほど遠く寡占状態にある。わたしたちは「売れ筋の商品」を買うよう幻惑されている「一杯食わされた買い手」というわけだ。

本章では、この三つの組織がニクソンやカーター政権から現ブッシュ政権に至るまで、大統領府をいかに支配してきたかを示す。これらの組織は明らかにホワイトハウスを抱き込んでいるのである。関わっている組織はたったの三つ、CFR、三極委員会、ビルダーバーグであり、狡猾極まりないデイヴィッド・ロックフェラーがすべてを率いている。

CFRへの初期の主要な資金提供者は、カーネギーとロックフェラー、この二つの財団である。特に後者の名前をここでしっかり記憶しておいてほしい。CFRはアメリカ政治に大きな影響力を持つようになった。1940年代初頭から大統領候補者は事実、すべてその会員であった。

ＣＦＲの団体としての主要目的は次の三つである。①グローバルな勢力を持つ単一政府を樹立する。②国境を排除する。③国際連合の影響力を増大させる。

これらを裏づけるように、１９５６年から60年にかけて海軍法務官を務めたチェスター・ウォード海軍大将はこう述べている。「軍備を縮小し、アメリカの主権と国家の独立を廃止して、われわれを全権的な世界政府の支配下に置くこと。これが、１９７５年に、ＣＦＲのメンバー全員１５５１人のおよそ95パーセントに明かされた唯一の目標だった」

……と、まだまだ続きますが、記憶に留めていただきたいのは次の2点です。

① アメリカの大統領職はＤ・ロックフェラーの率いる三つのグループに支配されている。
② そのグループがめざしているのは全権的な世界政府の樹立である。

ここでは、「ロックフェラー」という名前が何度か出てきました。陰謀論などに興味のない人でも、アメリカのロックフェラー財団と言えば名前はよくご存じでしょう。もしかしたら、社会に貢献している善意の団体というイメージが強いかもしれません。

表面から見る限り、団体そのものは善意と思える様々な社会貢献をしていると思います。ところが、アメリカでロックフェラーと言えば、必ずしもそのような善意の団体の提供者とは見られていないのです。

そのロックフェラーは、自らが「世界統一政府作り」の〝陰謀〟に関わっていることを認めているのです。以下は、デイヴィッド・ロックフェラーが2002年に出した『回顧録』というタイトルの自叙伝の中に書かれている内容です。『世界恐慌という仕組みを操るロックフェラー』（菊川征司・著／徳間書店）から引用しました。

合衆国の最大の利益を損なうために活動している秘密結社に、我々が関与していると信じている人さえいます。そしてその人たちは、私の家族と私を国際主義者として、世界中に散らばる他の人たちと図って、もっと完全な形の全地球的な政治と経済の組織――一つの世界政府を構築するという陰謀を持っていると信じています。もしそれを罪だとして、あなた方が私を告発するならば、私は有罪です。でも私はそれを光栄に思います。

アメリカを裏から動かしていると見なされているロックフェラー・グループのトップが自ら「一つの世界政府を構築するという陰謀を持っている」と告白しているのです。これほど確かなことはないでしょう。

そのロックフェラーの力は、何もアメリカの中だけで発揮されているわけではないのです。かつて冷戦の時代にアメリカと競争する超大国の一つとして東欧の共産主義国家を束ねていたソ連でさえも、ロックフェラーの管轄下にあったと見られるエピソードがあります。『INSIDER誰もそれを〈陰謀〉とは知らない』（G・アレン★湯浅慎一訳／太陽出版）から引用します。

共産主義者を、ロックフェラー代理人として定義することは正しくないだろうか。1964年10月の奇妙な出来事は、これを特徴づけるものだ。チェース・マンハッタン銀行の会頭であり、CFRの理事長であるデイヴィッド・ロックフェラーは、ソ連邦で休暇を過ごした。そこはこの世界最大の「帝国主義者」には珍しい保養地であり、「ロックフェラーのような人びとの財産を没収し、それを人民に分配する」という共産主義のプロパガンダがよく行われているところである。ロックフェラーが「休暇」を終えて2、3日後、ニキタ・フルシチョフは、黒海沿岸での休暇中に、自分の失墜を知らされた。奇妙な偶然である。フルシチョフはそのときまで、彼のロシア共産党の指導者であり、ソ連邦の絶対的独裁者として通っていた。誰がこのような力強い男を失墜させる権力をもっているのであろうか。このときのロックフェラーの旅は、いかなる真実の目的をもっていたのであろうか。ソ連邦で第一の男の地位は、明らかに単なる飾りに過ぎず、真の権力は他のいずこに、おそらくニューヨークにあるというべきである。

ここまでの力を持つ人物に刃向かう人間は、少なくともアメリカ国内にはだれもいないと思うでしょう。ところが、実はこのロックフェラーに反抗した人物がアメリカにいたのです。その人物の名は、最近の若い人たちでも聞いたことがあると思います。その人の娘が現在駐日大使として日本に駐在しているケネディ氏です。そのケネディ大使の父親は、かつてアメリカ国内では大変人気のある大統領でした。

大統領を公衆の面前で堂々と〝処刑〟できる世界支配層

1964年のケネディ大統領（当時）の暗殺事件も、アメリカの支配層による犯行と見られています。大衆の面前で白昼堂々と実行された暗殺事件なのに、オズワルドという人物の単独犯をでっち上げ、大統領の指示で発足した政府の調査結果をも秘密に処理し、真相を闇に隠してしまうことのできる力は、文字通り「超国家権力」と言うものだからです。

以下は『世界はここまで騙された』（コンノケンイチ・著／徳間書店）からの引用です。

ケネディ暗殺事件は、その典型的な例だった。

1963年、11月22日12時30分、テキサス州ダラスで鳴り響いた数発の銃弾は、時の米国大統領ジョン・F・ケネディの頭を粉砕し、後の世界情勢を確実に変えてしまった。

後任のジョンソン大統領は、国家による公的調査機関「ウォーレン委員会」を設置して、事件の調査・究明に当たらせた。結論は、オズワルドの単独犯行で、ケネディ大統領の致命傷は後方から撃たれた一発の弾丸とされた。
これは、あまりにも強引な結論だった。有名なザプルーダ・フィルム（ケネディが撃たれた瞬間を写した16ミリフィルム）を見ると、ケネディの頭は後方にのけぞっている。これを見れば子供でも、ケネディは前方から撃たれたのだとわかる。
後の世論調査では、この結論を信じていない米国人は80％以上に達していることがわかった。そして事件の背後に超国家権力が介在していることもまた、米国人のほとんどが確信しているのである。（中略）
驚くべきは、ジョンソン大統領の「ケネディ暗殺に関わる情報は２０３９年まで公開できない」という行政命令だ。２０３９年といえば、ケネディ暗殺の年に生まれた人が76歳になっている。つまり、政府は事件を封印したということだ。裏を返せば、そこに国家が転覆するような事実が存在していたことになる。
また、オズワルドの死後3年間に、重要証人18人が死亡している。６人が撃たれ、１人は咽喉を切られ、もう1人は首に空手チョップを受けて殺害されている。３人は交通事故、２人は自殺、３人は心不全、残る2人は自然死である。（中略）
関係者の死が２００人にも上るという別の調査もある。いずれにせよ、これは確率から見てもあまりに不自然である。

次は、『彼らはあまりにも知りすぎた』（濱田政彦・著／三五館）からの引用です。これを読みますと、朝鮮戦争もベトナム戦争も、第二次世界大戦で余った兵器を消化するために彼らが計画した戦争であることがわかります。戦争は世界支配層にとって効率のよい金儲けの手段なのです。

1963年11月22日、ケネディが暗殺された時、彼の死体には当局の定説、すなわちオズワルドの単独犯行を否定する傷があることがダラスのパークランド病院の検死で確認された。

ケネディは明らかに前方から撃たれた傷を負っており、その事実は後方からケネディを狙撃したとするオズワルド犯人説が誤りであることを示していた。

二度の検死はベネスタの海軍病院で行なわれた。だが病院の発表はダラスの病院の前方狙撃説を完全に否定した。ケネディの傷は、いつの間にか後ろから撃たれた傷へと改造されていたのである……（死人に口なし）。

ケネディ暗殺事件の陰謀を追う研究家たちは一様に、このようなあこぎな真似ができる連中は、政府すらも自由に動かせる力を持つ者たちであると考えざるを得ないと考えている。

映画『J・F・K』には、ケネディ暗殺の陰謀を追う主人公のギャリソン判事の前に、「X大佐」と名乗る人物が現れ、ギャリソン判事にケネディ暗殺の真相の一部を話す場面があるが、このX大佐は実在する人物であった。

X大佐ことフレッチャー・プラウティは、元空軍大佐で国防総省内のスペシャル・オペレーションズ部局長だった。スペシャル・オペレーションズとは、CIA（アレン・ダレス長官）の秘密工作を後方支援するための極秘組織で、あらゆる非合法活動を行なっており、プラウティはこの部局の責任者であった。（中略）

さてプラウティは、ケネディ暗殺は大統領よりもはるかに上に君臨する〝だれか〟の指示によって行なわれた組織的犯罪であるという。

プラウティはスペシャル・オペレーションズ部局長として、アイゼンハワー大統領下のホワイトハウスに出入りしていたが、そこで彼は奇妙な光景に遭遇した。

ホワイトハウスは合衆国大統領が支配するものであり、大統領がすべての政策の頂点に立つとてっきり思い込んでいたプラウティは、アイゼンハワー大統領以下すべてのスタッフが〝だれか〟の指示によって動いているに過ぎないことに気づき、あ然とした。

しかもアイゼンハワーはダレス兄弟（兄・国務長官、弟・CIA長官）よりも実質的に下の存在で、二人のいいなりになっている単なる腹話術人形だったのである！

東西冷戦の最中、この〝だれか〟は米ソ両国政府をも自由に動かす力を持っていたとプラウティは語る。彼に言わせればアメリカもソ連も〝だれか〟の言いなりであり、国としての主体性など持ってはいないのだ。要するにケネディは主体性がありすぎたということだ……。

プラウティは太平洋戦争が終わった時、激戦地だった沖縄にいた。ある日、彼は不思議な光景を目にした。戦争はもう終わったにもかかわらず、大量の兵器が次々にアメリカ本土から沖縄に運ばれてきたのだ。

いぶかるプラウティを尻目に、兵器は半分が朝鮮半島へ、そして残り半分が仏領インドシナ（ベトナム）へと運ばれていった。なぜ紛争もない地域へそんな大量の兵器を送る必要があるのか？まだ若かったプラウティにはまったく理解できなかった。だが後年、朝鮮戦争とベトナム戦争が起きた時に、彼はすべてを理解したという。ああ、これは仕組まれた戦争だ！と。

ホワイトハウスでの奇妙な光景を目にしたプラウティは、朝鮮・ベトナム戦争の謎に奇妙にもシンクロする光景をそこに見たのだった。

〝だれか〟の存在をはっきりと感じられるだけの地位に自分はいたのだが、それが一体「だれ」なのかを知ることができるほどの地位にはいなかった、と彼は語る。

〝だれか〟とはいったい「だれ」なのか？プラウティにはおよその見当はついていたのかもしれない。だが、裏稼業に携わる者の掟、「知りすぎた者がたどる末路」を知る彼は、「だれ」については語ろうとしない。この〝沈黙〟が彼にとっての最後の生命線なのだろう……。


ケネディ大統領はなぜ殺されたのでしょうか。それがわかる内容を『次の超大国は中国だとロックフェラーが決めた　上［技術・諜報］篇』（ヴィクター・ソーン・著／副島隆彦・翻訳・責任編集／徳間書店）から抜粋して紹介します。

●ニクソン、カーター、レーガン、ブッシュ（シニア）、クリントン、そしてブッシュ。全員が買収され、売り渡され、支配されていた

歴代の大統領府は完全に、支配者たちの言いなりである。ニューヨークとその向こうのヨーロッパにいるビルダーバーグの陰の権力者たちは、われわれのアメリカを牛耳り、「国民に選挙で選ばれる」のではなく、特殊に〝選抜〟された大統領のみならず、閣僚のメンバーや彼らが採用する諸政策についても決定権を有しているのだ。

●ジョン・F・ケネディ

今から考えると立派なことだったが、JFKだけは《陰の権力者たち》に完全には支配されない最後のアメリカ大統領だった。だが、彼の政権でさえも始まりは違った。実際、「ニューヨークタイムズ」紙のアンソニー・ルーカスによると、ケネディ政権の国務省高官（局長以上）82人のうち、63人がCFR（外交問題評議会）から選出されたらしい。閣僚の中でも、財務長官、国家安全保障担当補佐官、CIA長官、国防副長官、国防次官もCFRの会員だった。

さらには、1952年にCFRに入会した国務長官のディーン・ラスクは、ある財団の理事長も務めていた。そう、ロックフェラー財団である。

（中略）

幸運にもケネディはしばらくしてわれに帰り、自分を取り巻く恐怖に気づいた。だが惜しいことに、《支配者たち》に反抗して彼らと手を切ろうと決断した。そのために、自らの死を招いてしまった。ケネディはCIAを叩きのめすと脅し、またベトナムから軍隊を撤退させ〝戦争マシン〟を止めると言ったことで、自分の運命を決めてしまったのである。

ケネディ大統領の業績、特に、暗殺されるほんの数日前にコロンビア大学で演説を行なった勇気は賞賛に値する。「合衆国大統領という気高い役職がこれまで、アメリカ国民の自由を破壊しようとする陰謀を助長するために利用されて来た。わたしは大統領を辞する前に、この酷い状況を国民に知らせなければならない」。

ケネディは勇敢で、独立心が強く、自由に考える精神を持っていた。では、何が彼に報いたか。まさしく死だった。実際、《支配者たち》は言っていた。「われわれを困らせるなよ！」と。かつてケネディと同じことをしたアメリカ大統領はいない。真昼のテキサス州ダラスの町で、1963年11月22日に彼らは王を殺して口を封じた。極悪非道なその行為は象徴的でもあった。ケネディの頭蓋骨を貫通した銃弾が、今日でもはっきりとそれらを物語っている。

わたしの話が信じられないなら、JFKの弟ロバートの言葉に耳を傾けてほしい。「われわれは皆、《新世界秩序》の構築にいかに寄与して来たかで判断されるのだ」

表面的には、ロバートは《支配者たち》を支持しているかのように聞こえるかもしれない。しかし再度、彼の言葉を聞いてほしい。「われわれは、新世界秩序の構築を助けるため何をして来たかに基づき、判断されるのだ」兄同様、体制に強く抵抗した弟のRFKも、もし暗殺されなければ1968年に大統領職に就いていたはずだった。

ロバート・〝ボビー〟・ケネディの猛烈な突進を止めるべく、《支配者たち》は1968年の夏、ロサンゼルスで彼の頭に銃弾を撃ち込んだ。その日を最後に、アメリカの大統領職が新世界秩序の影響力から自由になる望みは絶たれたのである。以来、ホワイトハウスの住人はすべて買収されている。

アメリカという国を実質支配しているというロックフェラー・グループといえども、世界支配層の中では番頭格で、「アメリカ支店の支店長」に過ぎないと分析する人もいます。奥の院ははるかに深く、頂点にいる人物たちは見えないようになっているのです。その奥の院を「ユダヤ」とか「イルミナティ」と呼ぶ人もいますが、もしそのどちらかであったとしても、その姿は漠としていて確かめることは誰にもできません。

本書では「海賊の一味」もしくは「世界支配層」と呼ぶことにしますが、参考までに『世界はここまで騙された』（コンノケンイチ・著／徳間書店／2003年刊）の中から、世界支配層の構造がわかる一文を抜粋してご紹介しておきます。

■世界の歴史を操る「陰の超国家勢力」

一口に超国家勢力といっても、その全体や裾野は茫漠としている。そこには多国籍企業、石油企業、軍産複合体など多くのシンジケートや秘密結社が存在し、末端には国家命令という名の下で、何も知らずに動いている人が大勢いるのである。

それら団体や結社の名称もさまざまで、「イルミナティ」「300人委員会」「ビルダーバーグ・ソサエティ」「CFR（外交問題評議会）」「スカル&ボーンズ」「日米欧三極委員会」「王立問題研究所」などは、その代表格といえる。

イルミナティという存在ひとつを見ても、その構造と仕組みは複雑極まる。一つの組織（ピラミッド）が、より大きなピラミッドの中に含まれ、そのピラミッドは、さらに大きなピラミッドの中にある。小さなピラミッドは幾重にも重なって壮大なピラミッドを形成し、全体がユダヤ・イルミナティとして、超国家勢力の一部を形成しているのである。

その世界的ネットワークは、パラソルの骨のような構造になっていて「分画化」という手法が用いられている。各組織それぞれは分断され、相互連絡は不可能。それぞれは傘の頂点としか連絡できない仕組みになっている。

陰謀論者のF・スプリングマイヤーによると、陰の超国家権力の中枢「最高法院」という秘密組織は、ロスチャイルド家、モルガン家、ロックフェラー家など、世界24の財閥の代表者によって構成されていて、世界のどこかで、年1回、「最高長老会議」あるいは「ユダヤ賢哲会議」などと呼ばれる秘密会議が開かれているという。

その最高法院の下に「見えざる世界政府」（超国家勢力）がある。欧米の支配者層150名で構成される「ビルダーバーグ・ソサエティ」という秘密団体がそれである。

同会は世界の政治や経済を決定する最高機関で、その実像は厚いベールに包まれている。

その団体の母体になっているのがCFR（外交問題評議会）で、そこからTLC（日米欧三極委員会）、LPG（ロンドン・ポリシーグループ）という二つの世界危機管理組織が生まれている。その中心にいるのが英国王室である。

TLCはビルダーバーグ・ソサエティで創られた戦略構想を世界経済に反映させる役割を担い、そこから生まれたのが「先進国首脳会議」（サミット）である。

このように「最高法院」が「見えざる世界政府」（超国家勢力）の本丸と考えられるが、呼称はともあれ、確実に存在することは確かである。

CFR（外交問題評議会）は、世界GNPの60％を支配するといわれているロックフェラー一族が統括する。歴代の大統領と国務長官が、そこから輩出されているというだけでも、この一族の影響力の大きさはわかるだろう。だがこのロックフェラーでさえ番頭格で、ヨーロッパの富豪ロスチャイルド家の支配下にあるというから、ユダヤ国際シンジケートの奥深さは一般の想像を超えている。

彼らの計画は何十年も前から立案された綿密きわまるものであり、秘密結社の下僕たちは何もかも承知の上で、その命令を実行していることは確かである。
彼らには独自の掟があり、目的は「世界統一政府（ワン・ワールド）」を樹立することだといわれている。コールマンによると、地球人口を管理可能な10億人にまで減らすために、旧約聖書の予言に基づいて最終戦争を起こし、なんと90％のゴイム（家畜）つまり56～57億人もの人類抹殺作戦を遂行するのだという。このアジェンダは米国の崩壊、キリスト教のドグマを地に落とすことも含まれている。

世界支配層の年次総会ともいわれる会議がビルダーバーグ会議です。この会議は毎年開かれているようですが、その内容は長い間まったく秘密のベールに包まれていました。会議の内容に限らず、開催場所や出席メンバーに至るまで、秘密にされてきたのです。それは主催者側が世界中のいかなるマスコミの取材もまったく寄せ付けなかったためです。最近になって少しずつベールを脱ぐようになってきました。以下は『ビルダーバーグ倶楽部～世界を支配する陰のグローバル政府』（ダニエル・エスチューリン著／山田郁夫訳／basilico）からの引用です（要約）。

■ ビルダーバーグ

会議は完全秘密主義の雰囲気を保つために、通常3～4日間にわたる会期中、ホテルは貸し切りとなる。ほかの客はすべて建物から追い出され、ビルダーバーグ関係者一行のプライバシーと安全は、CIAとモサドによって確保される。ホテルの間取りに関する図面は機密扱いとなり、ホテル従業員の調査は徹底して行われる。質問によって忠誠心が試され、経歴や素性の裏づけには証拠書類の提出が求められる。政治とのかかわりも調査の対象になる。少しでも疑わしい点が見つかった者は誰彼構わず、会合の期間中はホテルから排除される。

そして、黒の戦闘服に身を固めた警察官が捜索犬を従え、配達の車を一台ずつ、車体の内外を屋根から床下まで調べ上げた後、業者専用の入口まで導く。その一方で、武装した兵士がまわりの林を巡回し、ホテルに入る道路には、がっしりとした体格の護衛官が耳にイヤホーンをつけて見張りに立つ。地球支配に関与する招待客を除き、ホテルに近づこうとする者はすべて追い返されるのだ。

このクラブ組織は1954年、オランダのベルンハルト殿下の呼びかけにより、同国オーステルベークのビルダーバーグ・ホテルで第一回会合が開かれたことから、ビルダーバーグ・クラブと命名されました。決める組織ではなく「より上の組織で決められた計画が発表される場」です。

参加者は意見は言えるようですが、発言するのは中核のメンバーで、他の出席者はそれぞれの立場でこの会議で報告された方針に従うことになっています。

1991年にドイツのバーデン・バーデンで開かれた会議で、日本をどうするかということが決められたと見ています。この会議で、ロックフェラーは次のような発言をしています。

『次の超大国は中国だとロックフェラーが決めた（下）』（ヴィクター・ソーン著／副島隆彦・責任編集／徳間書店）からの引用です。

デイヴィッド・ロックフェラーの発言。フランスの「レクテュール・フランセーズ」誌の記事。

「ワシントン・ポスト、ニューヨークタイムズ、タイム誌をはじめとする素晴らしい出版物の理事の方々に、この会議（註・ビルダーバーグ会議／1991年6月）に出席してくれたこと、40年もの長きにわたって思慮分別を守ってくださったことを感謝申し上げる。この間、世間の注目に晒されていたなら、われわれの世界計画を発展させることは不可能だっただろう。しかし今日、世界はより洗練され、戦争の二度と起こらない、人類全体の平和と繁栄のみを約束する世界政府へと向かう準備が整った。知的エリートと世界銀行家による超国家的な主権は、過去数世紀にわたって行なわれてきた民族自決権よりも明らかに望ましいものである」

この内容から次の二つのことがわかります。

① 1950年頃（1991年の40年前）から、世界の主要マスコミは世界支配層による世界政府樹立の策謀がばれないように協力して（させられて）いる。

② 知的エリートと世界銀行家がめざす世界政府樹立の準備は、1991年の時点ですでに整った。

あとはいつ（世界大恐慌の）スイッチを押すかということだ。

そして、その世界大恐慌のスイッチ役として選ばれたのが、この日本だったと思われます。

日本の政治家たちは次々と葬られてきた

それでは次に、アメリカの属国である日本の状況を見てみましょう。反日政治家は別として、この国の舵取りを任されている政治家たちはどのような運命の下に置かれているのでしょうか。

最初に『まもなく日本が世界を救います』（太田龍／ベンジャミン・フルフォード／成甲書房／2007年刊）の一節に目を通してみてください。〔ベン〕はベンジャミン・フルフォード氏、〔龍〕は太田龍氏です。

〔ベン〕その後も同様です。郵政民営化をなりふりかまわず断行するにあたっては、巨大な規模の情報操作がありましたね。テレビしか観ない、あるいは新聞しか情報源がない、馬鹿な日本人を「B層」と呼んでいた、大衆洗脳の立案書まで暴露されていますよね。そうした騙しやすい日本人の7割に「郵政民営化に賛成か？　反対か？」と、わかりやすく、ごくごく単純化したキャンペーンを張って訴えた。テレビ局にも異常に巨額のお金をばらまいたんですね。

その工作資金として、アメリカは70億円もばらまいたと言われてるんですよ。70億円ばらまいて、郵貯・簡保の350兆円を奪えるなら、安い買い物だと。この話は小泉政権の閣僚経験者から、僕は直接、はっきり聞きましたよ。

小泉の後を引きついだ安倍晋三政権で、農林大臣が次から次へとおかしくなったでしょ。これはたぶん、郵貯の次の狙いとして、農林中央金庫がターゲットにされてるんじゃないですか。あそこにはまだ、アメリカが手を付けていないお金がたくさん眠っているから。

ちょっとでも手強いそぶりの農水大臣が出てくれば、ピンポイントでスキャンダルをほじくり出して追っ払う。松岡利勝農水相は、農林中金をあの連中から守ろうとしたために、自殺させられたんでしょう。

さらには、農家のお金だけでなく、農業支配、食料管理まで狙っている。アメリカの企業が作っている種苗や農薬を継続的に買わせようとする。そういうことまで戦略に組み込まれているんじゃないですか。こんな重大なことに誰も気づかない、いや知らされていない。

（中略）

政治家や官僚だけが、アメリカに従属しているわけではありません。ヤクザの世界もまた同じなんです。これは山口組の幹部から直接、確認したんですが、「オレたちはロックフェラーの下請けをやっていたんだよ」と言っていました。まったく同じ話を、アメリカの軍幹部からも確認しました。アメリカは、ヤクザという暴力装置さえもうまく利用していたわけです。マネー・ロンダリングをはじめとして、日米政財界の裏工作をやっているらしいですよ。あと、元公安調査庁の菅沼光弘さんに聞いた話では、稲川会はブッシュ家と密接な関係にあるとか。

アメリカとの繋がりの発端が、戦後まもなくの山口組発足当時からなのか、近年に限定されることなのかはわからない。ただ、そういうアメリカの〝下請け〟をやっていたとは聞いている。今度また詳しく取材してみようと思います。

実際に、日本で多くの要人が怪死したりとか、いろいろあるじゃないですか。アメリカの対日工作の一環として、危険な仕事を頼むのには、ああいう裏社会の協力が必要になってくるんですよ。

（中略）

戦後、何人かの自民党政治家がアメリカから、あるいはアメリカの背後にいる国際金融資本からの独立を画策していたのですが、ことごとく潰された。田中角栄は、石油資源をロックフェラー頼みじゃない別のルートを模索して、失脚させられたのはよく知られた話ですよね。竹下登、橋本龍太郎、野中広務、鈴木宗男までみんな失脚させられた。つまり田中派はずっと彼らと戦っていたということですよ。

〔龍〕そう、敗戦後の日本の政治家で、ただ一人のまともな政治家というのは田中角栄なんです。

田中角栄というのは大学出じゃないんですよね。高等小学校を卒業しただけです。それで小学校を出て上京して働いて、それからいろいろ会社を起こしてね。それも大企業とかアメリカの助けとか、そういうのもまったく無しに独力で、ついには政治力を結集して総理大臣になったわけです。で、自民党の中でも強固な最大派閥だったでしょ。

田中角栄は、戦後の日本が屈辱的に隷従してきたアメリカから独立する方向に明確な目標を持ったわけ。それで意図的にロッキード贈収賄事件をでっち上げられ、失脚させられてしまった。しかし、このロッキード事件で逮捕されてもなお、土着の骨のある自民党の首領として、屈服しないで“闇将軍”として政界の采配をふるうでしょ。

田中角栄系統の政治家はほんとにたくさん殺されていますよ。それはフルフォードさんが言われている通り。私が知っている例では竹下登、小渕恵三、梶山静六。竹下は電電公社の民営化（NTT）に、小渕は郵政の民営化、要するに、日本国民がコツコツと血と汗と涙で稼いできた資産をそっくりアメリカに献上せよという、苛斂誅求的な厳しいアメリカの要求だったんですが、彼らは命がけで踏ん張って抵抗したのです。脅すだけでなく、手をかえ品をかえ、酒を飲ましたり金を握らせようとしたりしても一向に埒が明かない。そこで殺されたという話を聞きました。

梶山静六という人も田中角栄派の主要な幹部の一人です。この人は米国の連邦準備制度の秘密を暴いた本（ユースタス・マリンズ著『民間が所有する中央銀行』面影橋出版）を読んで、これに非常に感銘したそうなんです。そのきっかけは私の講演会によく来られていた占い師が献本したそうなんです。

ちょうどその頃アメリカの要求というより命令で、日本の金融を全部アメリカが召し上げるようなプロセスが始まっていたでしょ。まさに、その汚い手口は、その本に書いてあるＦＲＢ（連邦準備制度理事会）が過去やってきたこととそっくりそのまま。そんな亡国の危機に悲愴な思いを募らせて、自民党の総裁選挙に立候補したそうです。で、かなりの票を取ったけど、落選した。そうしたら、〝都合よく〟交通事故に遭って入院・療養、すぐに死んでしまったんですよ。

そういう苛酷で悲惨な状況を日本の政治家は間近で見ているでしょ。だから日本の政治家は、本当に恐怖心に満ちていますよ。


日頃は新聞やテレビなどのマスコミからしか情報を得ていない人にとっては、信じることができないかもしれませんが、これが日米関係の〝現実〟なのです。最近では、財務大臣としてアメリカに抵抗していた中川昭一氏がテレビの記者会見の前に毒を盛られて酩酊させられ、バッシングをされたことがありました。人気を落とした中川氏は次の衆院選で落選してただの人になり、自宅で不審死してしまったのです。

橋本龍太郎元首相もアメリカに葬られた？

アメリカを訪問中に「米国債の一部を売却するかも知れない」と発言した橋本首相（当時）は、自民党の最大派閥の顔でありながら、その後参議院選挙敗北の責任をとるという形ですぐに首相の座を追われています。アメリカの逆鱗に触れたことが原因ではないかと見られています。

橋本氏のあとは同じ派閥の小渕氏が総裁に選ばれ、在任中に亡くなっています。続いて森氏が総裁となりましたが、就任早々からなぜか国民に人気がなく、首相としては短命に終わりました。そしてついに誕生したのが親米派の小泉首相なのです。この時は橋本氏も再度総裁選に立候補しましたが、不思議なことに、派閥の領袖でもない小泉氏が、最大派閥の橋本氏を破って自民党総裁に選ばれたのでした。そこにはちゃんとアメリカの指示による伏線が張られていたのです。

その後、橋本氏は中国の女性スパイと親密な関係にあったことが暴露されたり、日本歯科医師会から派閥の代表として1億円の献金を受け取ったのに、それが帳簿に記載されていないことを追求されるなど、スキャンダル的な出来事をマスコミに採り上げられ、権力中枢から滑り落ちることになります。

しかも、2005年の衆議院選挙では、橋本氏自身は再度立候補の意志を示していたのですが、党本部から引退するように勧告（通告?）され、古参議員の多い自民党の中ではまだ若い方だったのに、無理やり引退させられたのです。元首相に対する仕打ちとしては信じられないほど冷たいものです。その背景には、「橋本をはずせ！」というアメリカからの強い指示があったものと思われます。

2005年に政界を引退したあと、2006年には「腸管虚血」という不思議な病気で69歳の若さで急死しています。病気の原因がよくわからないということで、病院側の要請で遺体は病理解剖されたといいますから、まさに「不審死」だったのです。

この橋本元首相のケースのように、言うことを聞かない政治家に対してアメリカは露骨に不快感を表して〝見せしめ〟にするのです。このような一連の〝仕打ち〟を見せつけられた国会議員たちは、アメリカの恐ろしさを身にしみて感じていることでしょう。

小渕恵三元首相は米兵に拉致されて海の上から吊された

ここで『泥棒国家日本と闇の権力構造』（中丸薫&ベンジャミン・フルフォード／徳間書店）から、もっとショッキングな情報をご紹介します。「えっ！　アメリカさんはそこまでやるの？」と、呆然とさせられる内容です。

それは、「東京にあるアメリカの横田基地が、日本の政府を見張る〝幕府〟のような存在になっている」というくだりです。この本の中に次のようなエピソードが紹介されています。情報提供者をぼかす意味からか、いくぶん表現を曖昧にしている部分もありますが、おそらくこれは事実なのでしょう。「アメリカの属国・日本」を象徴する現実です。

日本の政治体系は「幕政」なのです。天皇が象徴としてあって、将軍に委ねられた。その将軍が、占領政策でマッカーサーになった。日本の中の基地としては、横田が象徴的です。

いうことをきかない政治家を、たとえば竹下さん（元首相）も、お金のことでいろんなことがあったときに、MPが横田に連れていったそうです。飛行機に乗せて、太平洋の真ん中まで行って、「ここから落とす」といわれて、「イエスかノーか」と脅迫されたと聞きました。

今だって、お金のことでいろんな問題があると、MPが連れていって、ヘリコプターで宙づりにして、顔を海に何回も浸けるそうです。そうすると、海水が入って頭がおかしくなる。これはすごく秘密の世界です。

中丸薫さんといえば、かつてはアメリカのフォード元大統領や、ボルカー元FRB議長、およびデイヴィッド・ロックフェラーやビクター・ロスチャイルドといった大物とも直接会って話を聞くことができたほどの実力者なのです。この本の中にも、中丸さんがそれらの人物と会談している写真が載せてあります（大昔の写真ではありますが）。

それほどの人が自らの著書で明らかにしていることですから、この「横田幕府」の話はまったく根拠のないこととは思えません。とすれば、日本の首相といえども、アメリカのいうことを聞かない人物はMP（憲兵）が連れていって、ヘリコプターで吊して脅迫するようなことまでされるということです。現に故・竹下登元首相は横田基地のMPに連れて行かれて、飛行機に乗せられ、太平洋の真ん中まで行って、「ここから落とす」と脅迫されたことが実名で紹介されています。

さらに「今だって、お金のことでいろんな問題があると、MPが連れていって、ヘリコプターで宙づりにして、顔を海に何回も浸けるそうです」とあるのは誰のことを指しているのでしょうか。

これこそ、病名も分からないまま意識不明となって突然死した小渕元首相のことでしょう。さすがに「横田基地のMPが小渕首相を拉致して行って、海に顔をつけて殺した」とは書けませんので、ここは実名は伏せてあります。しかし、「顔を海に何回も浸ける」とか、「海水が入って頭がおかしくなる」といった大変具体的な表現は、まさに実際に誰かがそのようにされたことを表しています。小渕首相（当時）に同行したSPがその様子を目撃させられたのでしょう。そうすることによって、次の首相に対する〝警告〟の効果があるからです。

この「小渕元首相の拉致・暗殺」を臭わせるような話が、元民主党参議院議員・平野貞夫氏（2004年に政界を引退）の著書に書かれています。政界のドロドロとした裏話を綴った『亡国』（展望社）というタイトルの本です。以下にその内容を要約してご紹介します。

小渕首相が病院に担ぎ込まれたときは意識はなかったのに、翌日、官房長官の青木幹雄氏が記者会見を開き「万事頼むと口頭で言われました」と言って首相代理に就任した。

後に医師団は、小渕首相は青木氏に意思を伝えるのは医学的に不可能な状態だったと証言している。あの重大な局面にもかかわらず、医師団が正式に記者会見をしたのは1カ月後だった。

青木氏が記者会見をした同じ日に、都内のホテルに森喜朗幹事長、野中広務副幹事長、亀井静香政調会長、村上正邦参議院議長、青木官房長官の5人組が集まり、談合して森喜朗を総理に決めた。

こんなことが許されるなら、元気な首相を拉致して病院に連れ込み、監禁して「重病」と発表し、都合のいい新首相を決められる。まことに恐ろしい。

私は予算委員会で同様の発言をして青木氏に噛みついたが、青木氏は「総理を拉致したなどとはもってのほかの発言。取り消してください」と言った。こんなやりとりの後で、会議録から削除さ

れ、後世に残る公的な証拠を消されてしまった。

平野氏が予算委員会などの公式の場で「首相が拉致された」という表現を何度も使ったことには意味があると思うのです。普通なら考えつかないような奇想天外な比喩になっているからです。これは小渕氏が重態となって病院に担ぎこまれた原因が決して病気ではなく、米兵に連れて行かれたことに関係があることを、平野氏がうすうす知っていたからではないかと思われます。

青木氏自身は小渕首相の重態の原因が横田基地の米兵による「拉致」であることを知らされていたため、「総理を拉致したなどとはもってのほかの発言だ」と怒ってみせ、議事録から「拉致」の文字を削除させたのでしょう。

米軍の兵士に拉致された小渕総理は、ヘリコプターで太平洋上につれて行かれて逆さに吊され、海に頭をつけられて半死半生の状態で病院に担ぎ込まれ、青木氏に意思を伝えるのは「医学的に不可能な状態」だったのです。青木氏らが、急死した小渕総理の病名を「脳梗塞」とするしかなかったのは理解できます。しかし、さすがに医師団も即座に嘘の診断書は書けないので、「医師の診断書」もないまま密室で後継者選びが行なわれたのです。

その場に立ち会った5人の政治家は小渕総理の死因を知らされているはずですから、アメリカの仕打ちを恐れる気持ちはさらに深まったことでしょう。少なくとも次の総理には「アメリカに逆らうと小渕さんのようになるから気をつけろ」という申し送りがされているはずです。こういうことがあれば、ＴＰＰ問題をはじめとしてその後の政権がアメリカの言いなりであるのも仕方がないと言えるかもしれません。

日米協定があるため、日本は米兵の犯罪を裁けない

では、日本の首相を拉致して殺すような凶悪な犯罪を犯した米兵を、日本政府はどうして処罰しないのでしょうか。それとも、処罰することができない事情があるのでしょうか。そのことの答えとなる内容が『地球支配階級が仕掛けた世界統一政府悪魔のシナリオ』（鈴木啓功・著／Gakken／２０１３年刊）の中にありましたので、紹介しておきます。

１９６０年、日米安保条約が改訂された。だがそれで問題が片づいたわけではない。日米安保条約は日米同盟の大枠を定めるもので、細目は「日米行政協定」によって定められる。

私たちが知るべきは、この「日米行政協定」がどのようなものであるかということだ。単純に結論をいうならば、それは「米軍兵士による犯罪を許可している」。

日米行政協定十七条＝「米国は、軍隊の構成員および軍属ならびにそれらの家族が日本国内で犯すすべての罪について、専属的裁判権を日本国内で行使する権利を有する」

この条文の意味は米軍兵士が日本国内でいかなる犯罪を犯しても、日本国政府は手が出せないということだ。そして日本国内で犯罪を犯した彼らを米国政府が真摯に裁くことはない。

そのことを米軍兵士は全員が知っている。それゆえ彼らは繰り返して事件を起こすのだ。彼らはやりたい放題なのである。だが日本国政府は日米行政協定に絶対に手がつけられない。なぜならば米国政府の意志は「日本国の独立を目指す政治家（同時に日米行政協定に手をつけようとする政治家）は、全員抹殺してしまえ」ということだからだ。

沖縄で米兵による犯罪が後を絶たないのも、この協定の内容を知らされているからでしょう。この協定があるかぎり、日本政府は米兵のやることに対して手も足も出ないということです。

「日本沈没計画」はいつ、どこで決められたのか

さて、「日本沈没（破壊）計画」はいつごろ具体化されたのでしょうか。俗に〝陰謀もの〟と呼ばれる2冊の書籍の中にそのヒントとなる内容を見つけました。

300人委員会はルーズヴェルトに命令して、日本軍が真珠湾を攻撃するように誘導させた。今、パールハーバー50周年（1991年）に際して、新しい「日本を憎め」キャンペーンが米国および全世界で行なわれているが、その目的は、日本を侵略者と決めつけ、経済戦争を行なってそののちに米軍を次の段階、対日武力侵略の準備をさせることである。これはすでに進行している。

……とコールマン博士は1991年に述べている。

――『３００人委員会』（ジョン・コールマン博士著／太田龍・訳／ＫＫベストセラーズ）

経済戦争は、その後の異常ともいえる円高不況を仕掛けられてすでに決着がついています。合併を繰り返してきた三大銀行をはじめ日本の大手企業はすでに外資の手に渡っていると思って間違いありません。経済戦争の次は対日武力侵略となっていますが、これこそ同盟国アメリカからの自然災害を装った人工地震・津波兵器による侵略ということでしょう。〝新トモダチ作戦〟という形でアメリカは再び日本を占領し、「日本」という国名を世界地図から消し去ってしまう計画なのです。

日本という国家は、今日の世界において人種的にまとまりのある数少ない共同体の一つであり続けているため、カナン族の世界権力はこの国を次なる絶滅の候補に選んだ。日本はいま、やがて第三次世界大戦と呼ばれるであろう戦争の攻撃対象となっている。

――『世界権力構造の秘密』（ユースタス・マリンズ・著／日本文芸社／１９９５年刊）

この本の英語版は１９９２年に出版されています。つまり、１９９１年に入手した情報を元にしているということです。「世界権力は日本を次なる絶滅の候補に選んだ」という表現に注目してください。日本は絶滅させられるのです。その手段が、人工地震・津波テロであり、同じ黄色人種の中国による国土の蹂躙ということなのでしょう。「仲間内で殺し合いをさせる」という彼らの得意の手口です。

この「日本潰し」に関係が深いと思われる事実を日本人の手で解き明かした1冊の書籍があります。馬野周二氏の著書『対日宣戦教書！』（徳間書店／1992年刊）です。

1980年代に日本が世界第二位の経済大国にのし上がってアメリカの脅威となってきたため、アメリカ政府がCIAにつくらせた「JAPAN2000」というレポートについて解説した書籍です。そのレポートのための討議に参加した9人の日本問題専門家のうちの一部の人たちが、まとめられたレポートがあまりにも偏った意見を表明しているとしてCIA長官に抗議したために、アメリカのマスコミにリークしたと書かれています。CIAはあわてて「これは公式見解ではない」と釈明していますが、その内容は、まさにその後の日本対策の進め方を示していると言えるものです。ハッキリ言えば「日本潰し」の秘密計画書なのです。

さらに、この計画書は西欧各国の首脳にも配られたようで、それに触発されてフランスのクレッソン首相の排日発言があったようです。そのことに触れて馬野氏は次のように分析しています。

このCIAレポートは、アメリカと西ヨーロッパの指導者に日米関係の実態を教え、今後アメリカが日米関係をどう展開していこうとしているかを、あらかじめ間接的ではあっても知らせる役目をしているものである。そして今後その線に沿って展開されるであろう日米関係において、西側の識者が誤った行動をしないように警告する役目をなしているとみて誤りはない。

その後まもなくドイツのバーデン・バーデンでビルダーバーグの会合が開かれているのです。次の文章を読んでいただくと、この「JAPAN2000」のレポートはその会議で活用されたのではないかと考えられます。

なぜ現在の時点でこのようなレポートが出されねばならなかったかという問題もある。とくに短期的なタイミングを考えてはいなかったかもしれないが、その後まもなく6月7〜9日にドイツのバーデン・バーデンで、ビルダーバーガー・ソサエティの会合が開かれている。これは知る人ぞ知る欧米にまたがる権力中枢の要人たちをメンバーとする会合で、ベアトリックス・オランダ女王や、その父のベルンハルト殿下、スペイン王、メージャー・英国首相、サッチャー前首相、ミッテラン・フランス大統領、ジスカールデスタン前大統領、コール・ドイツ首相、その他のヨーロッパ諸国首脳、そしてアメリカからはブッシュ大統領、キッシンジャー元国務長官、さらにはデイヴィッド・ロックフェラー、そしてロスチャイルド、アニエリ・フィアット社長など経済界の大物が挙って集まっている。キッシンジャーはその足で東京にあらわれている。その後まもなく海部首相の首がストンと落ち、宮沢氏が首相になった。

このビルダーバーガー・ソサエティのバーデン・バーデン会合でこれからの日本にきわめて重要

な何らかの決定がなされたとみられるわけは、オランダ女王がまもなく日本にあらわれ、長崎を経て東京を訪問し、天皇と会談している事実だ。どうも私は、オランダ女王は欧州およびアメリカの主権者たちのきわめて重大な決定ないしは意向を、それとなく日本の首脳に伝えるために来たのではないだろうかと考える。というのは、いやしくも一国の国王が他国を訪問するというのは、きわめて重大な意味をもつので、日本の新聞がこのオランダ女王の訪問ないし東京における行動をほとんど報道していないこと自体が、実はこの訪問が重大なものであったことを証しているとみて誤りないであろう。

日本の新聞は、きわめて深いところからコントロールされているのであって、新聞に出されないことのほうが真に決定的な意味をもっていることが多いのだ。蛇足であるがここに付け加えれば、幕末のオランダ商館では、その商館長が交代して江戸に参府し、将軍に面接するに際して「風説書」というものを差し出している。これは、その時点の世界情勢を幕府に伝えたものである。ところが、幕末になっていよいよペリーが来るという段階で、当時のオランダ国王ウィレムⅡ世がわざわざ自ら署名した世界情勢の解説を将軍に対して送っている。つまり、開国はもう避けられないから、その用意をしたほうがよいであろうという親切な勧告である。

どうも私には、この故事が、今度のオランダ女王の来日に重なって見えるが、どうであろうか。そしてその時期と符節を合せるように、このCIAレポートがつくられている。単なる偶然の一致かもしれないが、しかしこの偶然は、無作為の必然であるとも考え得る。

ドイツのバーデン・バーデンでビルダーバーグの会議が開かれたのは1991年のことです。その会議で日本に関する重大な決定がなされたので、世界支配層の手先であるキッシンジャーが東京に立ち寄り、まもなく海部首相の首が落ち、英語が堪能でアメリカの政界に人脈の多い宮沢氏が首相になったのです。ただならぬ雰囲気を感じますが、何よりも異様に思うのは、オランダ女王がお忍びで日本を訪問したことでしょう。

日本が国家消滅ということになれば、当然天皇制も廃止されますので、長年にわたって皇室と付き合いのあるオランダの王室から、女王がわざわざその旨を伝えにきたものと考えられます。

馬野氏はその様子を見て、幕末に唯一交流のあったオランダの国王が、将軍宛に自ら署名した世界情勢の解説書を送ってきた故事と重なって見えると述べています。ちなみに1991年と言えば、日本では地価の下落が始まり、大変な不況に突入し始めた年です。世界支配層による日本潰しが、まず経済面からスタートしたものと考えられます。

アメリカは1991年から地震と原発事故による日本攻撃を計画していた

CIAが作成した「JAPAN2000」というレポートが、その後の日本潰しの教科書となっていることがよくわかる内容があります。このレポートには「万能カード」というものがつけられていて、「地球規模経済の様式が新たに台頭したなか、（日本に）重要な変化を起こさせる万能なカードがいくらかある。次のようなものだ」と12項目が列記されています。

それは「朝鮮の核兵器」「中東戦争がもたらす日本の輸出伸長力ならびに石油と資本の日本への流入に対する重大な影響」「台湾再統合の危機」「全世界に資産を持つという日本のナショナリズム」「日本で地震などの自然災害や核の大事故」など12項目です。それぞれについて馬野氏が解説していますが、最後の「日本で地震などの自然災害や核の大事故」は、まさに2011年の東日本大震災を彷彿とさせる内容です。それについて馬野氏は次のように述べています。

■日本で地震などの自然災害や核の大事故

……もし、明日にでも第二次関東大震災が起こったらどうなるか。復興資金は日本の在外資産を処分して引き上げまかなうことになる。これは世界的な一大金融パニックになるだろう。いったいそのとき米英はどういう手を打つか。そのとき彼らは正体をあらわすだろう。

もう25年くらい前になるが、私はドイツの原子炉研究所を見に行ったことがある。そのとき所長は原子力発電所は1カ所に集めて軍隊で警備しなければならなくなるだろうと語った。そのときはなんのことを言っているのかわからなかったが、いまにしてその意味がわかった。つまり外部からの侵入者が原子炉の破壊を謀る時が来るというのであろう。これは原子炉の暗殺である。人も原子炉も気をつけたほうがよい。

馬野氏のこの本が出版されたのは1992年です。その段階で、アメリカは「万能カード」の一つである「地震と原発事故」による日本攻撃を視野に入れていたことがわかります。原発事故が決して津波を原因とするものでないことが、このことからも確認できると思います。

ゲイリー・アレンが警告していた世界統一政府作りへの道筋

「世界支配層」の考える新世界秩序（世界統一政府作り）への道筋が、ゲイリー・アレンの生前の著作『新世界秩序（人間牧場）にNO！　と言おう』（ゲイリー・アレン／菊川征司・訳／徳間書店）に書かれています。その内容を要約しますと以下の通りです。

■新世界秩序に向かう三つの広い道

①国連とその盟友の権力のを徐々に強めて、それらを事実上の世界政府にする。
②いろいろな国家をくっつけて大きな地域を作り、次にその地域をさらにくっつけて地球規模の世界政府にする。
③世界中の国家とその国民を可能な限り相互依存の状態にして、どのような金融や通貨の危機が来ても共通して被害が及ぶようにする。

それから世界支配層のリーダーたちは、唯一の現実味のある問題解決法として、全世界の国家の受諾を必要条件とする新しい世界的な組織や世界政府を提案するのだそうです。

すでに世界経済は相互依存の状態になっていて、すべての国が影響を受けているので、この解決策に賛同するしかないというわけです。

②の「いろいろな国家をくっつけて」の段階は、すでにヨーロッパ諸国がEUという形で一つの地域政府にまとめられています。アジアは日中韓がまず「東アジア共同体」としてまとめられようとしているところです。その際、最も扱いにくいのが日本ということで、この国はいったん解体し、中国共産党政府の支配下に置いたあと、国内の抵抗分子を処分した上で一つの地域政府として再スタートさせる計画だと思われます。

日本国内でも、世界支配層の息のかかった政治家にはそのことが知らされているらしく、かつて「日本列島は日本人だけのものではない」と暴言を吐きながら、日中韓による「東アジア共同体」の必要性を主張した宇宙人のような首相がいたことはご存じだと思います。

世界統一政府作りの予定表が国連総会に届けられた

ロックフェラーが国連に送ったといわれている「アジェンダ」の内容をご紹介します。

英語の原文はネットで検索してください。↓ Rockefeller agenda 2002
前文は「終末がやってきました」という表現から始まっています。「終末」という言葉が使われているということは、これから終末の世界大動乱を演出しようとしている世界支配層の決意のほどが読み取れます。

■ 新世界秩序の差し迫った予定表

発信元：ロックフェラー・グローバル・コミュニケーションズ
発信日：２００２年３月22日（金曜日）午前２時５分

国連総会　殿

終末がやってきました。好むと好まざるとに拘わらず、それは私たちがだれでも直面しなくてはならない運命なのです。２００１年９月11日、世界中の人々が終末の始まりを目撃しました。私たちが見たもの、体験したものは（大変悲惨な出来事でしたが）、これからまもなく起こると思われる大災害にくらべれば、まだ大したことではありません。

悲しいことに、（あの事故で）非常に多くの生命が奪われましたが、なおそれ以上の多くの生命が失われることになっています。しかしながら、これらのことはこの「古い制度（＝国家体制）」の崩壊が始まるに従って、次々と起こり続けるでしょう。

いかなる政府もあなたたちを守ることはできません。この「予定表」が設定された理由はそこにあります。

このことは昔から「ハルマゲドン」として伝えられてきました。しかし、恐れるようなことではありません。それは核戦争による大虐殺でもなければ、迷走する小惑星が天から侵入して文明を破壊してしまうわけでもありません。実は、災難に遭い、掃き清められるのは、この惑星（＝地球）ではないのです。

いま世界は「新しい制度」に移行しつつあります。あなたにひとつだけ質問します。あなたはその「新しい制度」の世界に移ることを望みますか？　それとも自壊しつつある道を下り続けますか？（どちらを選ぶかは）あなた次第なのです。以下の「予定表」の内容は避けることができません。そして、あなたは困難に耐え抜き、生き残って、そこに到達しなければなりません。ですから、しっかり考えてください。

新しい世界への予定表

1　中東の平和は、手のほどこしようのないまで完璧に瓦解します。

2a　バチカンとエルサレムは、宗教テロリストたちによって破壊されるでしょう。

2b　すべての宗教が世界中で崩壊します。すべての宗教は禁止されるでしょう。宗教は、家庭の外では実践することも説教することもできません。

3　世界全体の平和と安全の宣言に続いて、国連は仮の世界統一政府を樹立するでしょう。

4　新しい世界統一政府の市民は反乱を起こすでしょう。英国、中国、米国といった地方政府は、突然、組織的に瓦解します。世界のその他の地域は無政府状態に陥るでしょう。10億人単位の人々が非業の死を遂げるでしょう。善き意志を持ち、真実に従う人たちだけが生き残ります。

5　新しい政府機構は、14万4千人の議員と600万人以上の役人たちによって管理されるでしょう。

6　新しい世界が創出されるにつれて、大量掃討作戦が開始されるでしょう。経済システムは回復するでしょう。社会の基礎的な施設は再建されます。病気の類は消滅するでしょう。年をとるのは逆になり、年をとること自体がなくなるでしょう。新種の復活した人間の集団が、徐々に地球をパラダイスの状態にするでしょう。

「大量掃討作戦」とはどういうことでしょうか。従わないものは強制収容所に送られ、場合によっては処刑されることを意味していると思われます。かつて旧ソ連では、スターリンの時代に政治犯という名目で6000万人の人が虐殺されたと言われていますし、また中国の文化大革命では、毛沢東の指揮のもとで3000万人を超える人(8000万人という説もあります)が殺されているのです。「新しい世界」の創出にあたっては、食料危機の中で世界的規模での〝口減らし〟が実行されるということでしょう。

多くの国民が〝平和ボケ〟させられているこの国に住んでいますと、国連に救済を期待する人がいるかもしれません。しかしながら、国連は世界支配層のめざす新世界秩序作りの道具であって、世界の国々や人々を救済する機関ではないのです。未だに国連に期待している人は、もういい加減に目を覚まさないといけません。以下は『次の超大国は中国だとロックフェラーが決めた(下)』(ヴィクター・ソーン著/副島隆彦・責任編集/徳間書店)からの引用です。

ジョン・ランキン下院議員はアメリカ下院で発言した。「国際連合は史上最大の詐欺師だ。その目的はわれわれのアメリカ合衆国を滅ぼすことである」

それに対してデイヴィッド・ロックフェラー曰く。「われわれは、世界規模の変化を目前にしている。今必要なのは重大な危機の到来そのものである。そして、人々にできるのは新たな世界秩序を受け入れることだけだ」

ここでロックフェラーが言っているように、「今必要なのは重大な危機の到来」なのです。その重大な危機とは、世界大恐慌であり、それを引き金とする第三次世界大戦です。それは早くから彼らの予定表に書かれていることなのです。

そもそも国連はロックフェラー・グループが設立したもので、真の目的は「各国の主権を制限することにある」と、前出のゲイリー・アレンはその著『見えざる世界政府 ロックフェラー帝国の陰謀 PART-2』の中で述べています。この本はアメリカでは1976年に出版されています。

■国連はロックフェラー一族の巨大な宣伝機関である

世界政府をめざす動きの中で最もわかりやすいものは、1945年にロックフェラー・インサイダー・グループが設立した国際連合である。第二次世界大戦の終結後ただちにつくられたこの組織は、第一次大戦後に設けられた国際連盟の経験を踏まえて、世界政府の基盤をさらに拡大強化することが狙いであった。（中略）国連の真の目的は、理想として掲げられた美しい言葉の中にはなく、各国の主権を制限し、国際機関の権限を拡大して、この機関を背後から操る彼らの決定に各国の民衆を従わせるところにある。

■ 世界政府への道

そもそもディヴィド・ロックフェラーが日米欧三極委員会をつくったのは、日本の政財界、官界、アカデミズムの実力者を彼らの代理人として仕立て上げ、これらの人々の個人的な影響力をフルに生かして日本の軌道修正を図ることであった。彼らは、日本をアジア太平洋連合におけるアメリカの良きパートナーとしておだて上げる一方で、対ソ包囲網の一環を強化するという口実で共産中国の基盤強化に日本を駆り立て、将来の大合併に至る道を日本が絶対に踏み外さないよう監視しているのである。もし日本が彼らの警告を無視したり、彼らとは異なった世界政策を展開するなら、彼らはただちに日本の食料やエネルギー、その他の資源供給をストップし、彼らの支配下にあるマスメディアを総動員して日本人を大混乱に陥れるだろう。そのための基盤も着々と整えられているのである。

「将来の大合併」というのは、すでに現在進行中の「日米韓の合同」ということです。いま日本の公共機関でも、案内表示には英語と併せて中国語、韓国語が表記されるようになっています。日本国解体後の「大合併」の準備が着々と進められているのです。

この章の最後に、２０１４年に開かれたビルダーバーグ会議の内容を紹介して、世界大動乱のスイッチが押される日が近いことを確認しておきたいと思います。出典は『ファイナル・ウォー』（ベンジャミン・フルフォード著／扶桑社／２０１４年刊）です。

開会式のスピーチを行なったウィリアム・C・バン・ドゥイン――今まで闇の支配者勢力を取材する人間やイルミナティ研究家の探索のレーダーをことごとく逃れてきた男――がその名前を白日のもとに晒し、さらに開会式のスピーチの内容まで明かしたのである。そのスピーチでは、明確に「The subject of this Bilderberg meeting is the One World Government（今回のビルダーバーグ会議の主題は「世界統一政府」です）」と言い切ったのである。

「世界統一政府」作りに欠かせないのが世界大恐慌と第三次世界大戦です。長年にわたって会議の内容を一切明かさなかったのに、そのメンバーの一人が２０１４年の会議のあと堂々と会議の主題を明らかにしたのです。その主題が「世界統一政府」であることは何を意味するでしょうか。これこそ「準備は完了したから、まもなく世界大恐慌の引き金を引くよ」という関係者へのメッセージだと理解すべきでしょう。

「引き金」とは、言うまでもなく「日本沈没」です。人工地震・津波兵器で世界第三位の経済大国を崩壊させれば、相互に依存し合った世界経済は大混乱に陥り、世界大恐慌がスタートするでしょう。もちろん、被災したこの国も世界大恐慌の影響を免れることはありません。大半の国民は文字通り終末の地獄絵図を体験させられるでしょう。心の準備をしておく必要があります。

第三章

試練編

国内難民と化した日本国民は、
今日食べる物にも困る深刻な食料危機に直面する。

食物は段々と欠乏《ひっぱく》になるなり。菜の花一枚でも大切なことになりてくるぞよ。何ほど金を貯めて歓んでおりても、まさかの時には金銀では命がつなげんぞよ。百万円の金よりも、一握りのお米のほうが大切な世が回りてきて、田地に植え込みて喜びておりた桑までも掘り起こさならんことになりてくる。(大本神諭)

海賊一味は三つの時限爆弾を、いつ爆発させるつもりなのか？

いまこの国・日本には、世界支配層の手によって少なくとも三つの時限爆弾が埋め込まれていると思われます。彼らはその時限爆弾を、いつ、どの順番に爆発させるつもりなのでしょうか。

おそらく連鎖的、同時多発的に爆発させて威力を高めるつもりであるのは間違いありませんが、その順番が気になります。

私は、一番可能性が高いのは次の順番ではないかと思っています。

① 中国との戦争に突入。(オリンピックは中止)
② 国家破産。預金封鎖。
③ 地震、津波、原発事故、富士山噴火(本命は富士山の火砕流による国土の分割)

一つずつ簡単にコメントしていきます。

まず①の「中国との戦争」ですが、この火種は「台湾問題」という情報もありますが、私は「尖閣諸島問題」だと考えています。『闇の世界権力が「完全隷属国家日本」を強く望む理由』（中丸薫・著／ヒカルランド／2014年刊）の中に「アメリカは台湾問題を火種にして日中戦争を誘導しようとしている」という情報がありますので、参考までに要約して載せておきます。

クリントン政権時に「知日派」として知られたジョセフ・ナイ国防次官補が「対日超党派報告書」という論文を発表している。その内容は——、

日本海にはサウジアラビアを凌駕する石油が眠っており、アメリカはそれを手に入れるために日中戦争を起こさせる必要がある。日本の自衛隊を戦闘に参加させ、途中から米軍は手を引いて両国だけの戦争に誘導する。そのための前提条件として、自衛隊が海外で軍事活動ができるような状況をつくっておく必要がある——となっている。

このような極秘情報がオープンになっているのは不自然で、「がせネタ」である可能性が高いと思います。すでに日本に対して人工地震・津波テロ（東日本大震災）を仕掛けた国が、日本海の石油がほしいからという理由で、わざわざ台湾を戦争に巻き込む必要はないからです。

日中戦争を誘導する目的は、そのことによって日本経済にパニックを起こし、国を破産させて、世界大恐慌の引き金を引くことにあると思っています。

日本と中国が戦争状態に入れば、中国に進出している日本の企業はすべて没収され、日本経済は大打撃を受けることになるでしょう。太平洋戦争時にアメリカが自国内にある日本人の資産をすべて没収したのと同じ手口が使われるはずです。最悪の場合は、かつてアメリカがやったように、在中の日本人は強制収容所送りにされるという可能性もあります。

いずれにしても、日本国内はパニックに陥るでしょう。そして、国民の関心が日中戦争の問題に集中している時、突如首都東京が地震に襲われ、続いて富士山の噴火、とどめが南海トラフ巨大地震ということになるのではないかと思います。

「天災は忘れた頃にやってくる」――つまり、多くの日本人に自然災害のことをすっかり忘れさせておいて、人工地震・津波・火山の噴火という大虐殺テロの引き金を引くのではないかと予測しています。すでに日本との戦争状態にある中国は、国連の決定という形で、国家機能を喪失した日本の国土の半分を、アメリカと分割して支配下に収めるという図式です。

中国の管理下に置かれたエリアは、間違いなくかつてのチベットと同じ運命を辿ることになると考えられます。つまり、中国の軍隊による民族浄化作戦の洗礼を受けるということです。あるいは、中国も世界大恐慌の動乱に巻き込まれている可能性が高いため、武装難民が日本に押し寄せるという形になるかもしれません。そのことを予見する好著がすでに出版されていますので、参考までにその内容を抜粋して載せておきます。出典は『ユダヤ世界権力が崩壊する日』（太田龍・著／日本文芸社）です。

■中国は大量の難民、非合法移民を日本に侵攻させる

こうしてユダヤ・イルミナティ世界権力は、国際金融寡頭権力を打ち立てて欧米を押さえたばかりでなく、中国までをも押さえてきたのである。そこから世界支配の貫徹へ向かおうとする彼らの作戦計画の中には、当然ながら我が日本の固有の文化文明、言語、民族、精神、歴史……それらのすべてを抹殺する狙いが含まれている。

「20年後には日本は消滅しているであろう」との数年来の中国政府首脳の言明は、決して冗談半分の言葉ではないのだ。それは確固としたユダヤ・イルミナティ世界権力の行動日程に立脚した「日本抹殺長期戦略」の一端を発露したものに他ならない。

私たちはいま、ようやく「日本は米中両国に挟み撃ちにされつつある」という確信を得ることができた。（中略）

中国は「日本を敗北させる」と言っている。それは何を意味するのだろうか。ユダヤ・イルミナティ配下の米中両国が日本を共同占領することを意味する。

では、彼らはどのような方法で日本を占領しようとしているのか。

いきなり正面きった武力侵攻をするまでもない。彼らにとっては、日本の国境管理能力を打ち破ることなどはたやすいことだ。次から次へと、何百万人もの武装した中国人難民、非合法移民を日

本に侵入させる。そして、略奪、暴行のやり放題。彼らがふるう暴威の前には、日本の警察力などなんの役にも立たない。この手を使われれば、日本の司法・行政機関のすべてが無惨にも崩壊することになるだろう。

■日本抹殺のために中国難民を日本へ殺到させよ!

日本人は一つの国家、一つの民族、一つの言語をもって生活し、そこに独自の日本型文明を生み育ててきた。こんな国は地球上に存在しない。

日本を抹殺するとは、この日本型文明の破壊を意味する。日本語を破壊し、日本民族という一つの民族によって成り立つ日本国の解体と破壊、抹殺を意味する。そして、それこそがユダヤの第五次対日侵略作戦の狙いなのだ。

また、このユダヤの第五次対日侵略作戦は、単なる日本つぶしではない。アジア全域を廃墟と化す大動乱と密接に結びついている。それは、彼らには地球上の人口削減という大きな目的があるからだ。

彼らはこの地球に生きられる人類の数を、最終的に数億人と見積もっている。実際、彼らは1970年に自らの出先機関であるローマクラブを使って、「このまま人口が増えつづければ、資源問題、食料問題などで人類は破滅する」と警告を出させている。

数億人ならば、人類は生き延びられるし、その程度の人口ならば一つの世界政府による全人類支配が可能だ。〝世界人間牧場〟を構築することができる。

そのために、中国人民解放軍による、というよりは何百万人という武装した中国人難民や非合法移民による日本占領が必要なのだ。

すでに、中国からの非合法移民労働者が、日本の暴力団と組んだ中国系暴力団の手引きで日本に続々と入り込み、いまや相当な数に達しているのである。日本侵攻の準備が着々と整えられている。

しかし日本はいまもなお、自国に向けられたユダヤ・イルミナティ世界権力のこの敵意と殺意に気づいていない。

日本を監視する目的で駐留しているアメリカの軍隊は、中国の武装難民とのゲリラ戦には力を貸してくれません。おそらく、高みの見物を決め込むことでしょう。

ということで、すでに日本国内に多数潜入している中国のスパイたち（一説には20万人）によって、さまざまなテロ活動が全国各地で繰り広げられることになりそうです。

２００６年、クレーン船が旧江戸川の送電線を損傷したために首都圏で大停電が発生する騒ぎがありました。あの事件は過失によるものということで処理されましたが、プロのテロリストたちがその気になれば、あの程度のことは簡単に起こすことができるということです。日本の都市機能を麻痺させることは朝飯前のことでしょう。

1998年にも四国の香川県で高圧線の送電塔が倒れ、付近一帯が停電になる騒ぎがありましたが、その原因は、送電塔を支えるボルトが何十本も取り外されていたためであることがわかりました。その後、千葉県や山口県、兵庫県の淡路島などでも、同じように送電塔のボルトやナットをはずされたり、緩められたりする事件が続きました。2005年には兵庫県淡路島で同じ送電塔が再び被害に遭っています。

また、岐阜県の関ヶ原では、新幹線のボルトが緩められるという事件も起こっているのです。幸いすぐに発見されましたが、犯人が何を狙っているかは容易に想像できます。そして、その手口の大胆さは、単なる愉快犯の仕業とは思えません。うがった見方をすれば、それらはすべて〝来るべき日〟に備えての準備行動である可能性が高いと見るべきでしょう。

中国の共産党政権は国内の若者たちの不満の矛先を日本に向け、「日本攻撃」のゴーサインを出すのです。なにしろ中国の人たちから見れば、日本は「かつて中国を侵略した敵国」であり、今なお「黄金の国」ですから、略奪の対象としては申し分ないのです。

壊したあとの日本は同じアジア人に処理させる

アメリカ（を裏から支配する層）は、人工地震・津波と富士山の噴火で日本社会を破壊し尽くしたあと、この国にとどめを刺す役割は同じアジア人に任せるはずです。曲がりなりにも、アメリカは一応日本の同盟国ということになっていることですし……。

「アジア人同士で助け合え！」とばかりに中国と韓国に救援を任せて、日本の国土と文化の破壊を実行させるものと考えられます。被災した日本で、中国や韓国に何をさせようとしているかは、この間の両国における反日キャンペーンの内容を見れば推測することができます。キーワードは「南京大虐殺」と「慰安婦の強制連行」です。太平洋戦争中のお返しに「日本人を虐殺してもよい」「日本の女を強制的に連行してもよい」という理由付けをしているように思えてなりません。

そして、最終的な破壊の標的とされているのは、日本人の心のよりどころとなってきた神社仏閣ではないかと見ています。中国の若者は日本を「かつての侵略国」として徹底的に憎むように教育されています。彼らはこの日本列島において呵責のない復讐劇を演じるために育成されていると見るべきでしょう。すでに日本蹂躙劇の主役となるべき人間が、合法的にも非合法の形でも日本に数多く潜入しているのは確かです。彼らは〝号令〟とともに一斉に破壊活動を始めるべく、周到に訓練された上で潜り込まされているはずです。

先ほど引用した太田龍氏の『ユダヤ世界権力が崩壊する日』には、「（世界支配層は）日本の固有の文化文明、言語、民族、精神、歴史……のすべてを抹殺する狙いを持っている」と述べられていました。最も日本らしい文化遺産といえば神社仏閣でしょう。「日月神示」には次のような神示がたびたび出てきます。

お宮も一時はなくなるから、その時は、磨けた人が神のお宮ぞ。早う身魂磨いておけよ。

お宮まで外国のアクに壊されるようになるぞ。（日月神示）

「お宮が壊される」という神示からは、外国人が日本に乗り込んで、日本の文化遺産を破壊する姿が目に浮かびます。そのようなことをする可能性のある外国とはどこの国でしょうか。真っ先に思い浮かぶのは中国です。中国の若者は子供の時から「日本を憎め」という教育を受けて育てられているのです。また、一人っ子政策で女性よりも男性の数が多いため、若い男性はある意味では女性に飢えていると思われます。しかも、最近の日本の若者のような草食系ではなく、どちらかと言えば獰猛な肉食系の男性が多いはずです。日本の若い女性が連行されたり、乱暴されたりする可能性が非常に高いと思われます。

そのことを裏づけるようなデータが月刊「SAPIO（サピオ）」に載っていました。約10年前の２００４年に、中国最大のサイトが17歳から30歳までの未婚男性３万人におかしなアンケートをとっています。「おかしな」という意味は、質問項目の中に「上官の命令があれば捕虜や婦女子に向けて発砲するか」という内容が含まれているからです。戦争もしていない平和な時になぜこのようなアンケートをとるのでしょうか。それは、やがて日本とそういう戦争をすることになるのがわかっているからでしょう。

以下は『SAPIO（サピオ）』（２００６年８／23・９／６合併号）からの引用です。

■ 3万人アンケートでわかった反日教育、反日宣伝の成果

2004年2月初めから3月初めにかけて、中国最大のサイト「新浪網」が大々的なアンケートを行なった。質問項目は、「あなたが一人の兵士だったとして、上官が許可する状況であれば、敵の捕虜や婦女子に向けて発砲するか」である。

アンケートに回答したのは計3万1872人。その中心は高校以上の教育を受けた17歳から30歳の未婚男性で、78・3％を占めた。男女合わせると大学以上の教育を受けた者の割合は67・5％にも達する。にもかかわらず、次のような結果が出た。

① 自分や仲間の兵士に生命の脅威があれば銃殺する。　48・6％
② どのような状況下でも、必要だと思えば銃殺する。　34・0％
③ 経験がないのでわからない。　13・5％
④ 上官の命令があっても、自分の生命に脅威がなければ銃殺しない。　3・8％

なかでも、アメリカ人、インド人、ベトナム人などと並び、強い憎しみの対象となっているのが日本人で、アンケートの回答とともに寄せられた書き込みには、次のような過激なものがあった。いずれも「相手が日本人なら」という条件つきである。

・殺し尽くし、焼き尽くし、破壊し尽くす。日本人を地球から消滅させる。
・女は日本のファシズムを育てる肥沃な土地なので、すぐに殺す。
・赤ん坊から老人まで殺し尽くす。
・妊婦でも殺す。婦女子も捕虜も関係なく徹底的に殺す。
・女は銃殺しない。兵士たちで性の玩具として弄んだあと、全員で殺戮する。
・老人は引きずり出し、男は体を潰して皮をはぎ、子供は手を切断し、女は輪姦してから体をバラバラに切断する。

同様に、「飛揚軍事論断」というサイトが行なった「中日戦争が勃発したら、東京入場後に何をするか」というアンケートでは、総投票数122人中90人が「東京大虐殺を実行する」と答えている。（以下略）

人工地震・津波テロによって国民の多くが被災し、捕虜同然の状態になっているところに、中国の武装難民が押し寄せ、略奪や暴行を働く光景が目に浮かびます。銃を携えて乗り込んでくる彼らは、抵抗する日本の男性はもちろん、上官の命令があれば無抵抗の婦女子をも銃殺することができるのです。まして、「日本人はかつて自分たちの国を侵略して大虐殺を行なった」と嘘の歴史を教え込まれているわけですから、その仕返しとばかりに虐殺行為が繰り広げられる可能性は高いと思われます。それこそが、海賊一味の望むことなのです。「アジアの黄色人種同士で殺し合いをさせる」

という彼らの計画がここで成就することになります。もちろん、日本人の心のよりどころとなっている神社仏閣の破壊も命じていることでしょう。それはチベットですでに経験済みのことだからです。

『闇の世界権力が「完全隷属国家日本」を強く望む理由』には、日中戦争に関連してもうひとつ重要な情報が載っていました。すでによく知られている情報ですが、ここにきて日中戦争が現実味を帯びてきましたので、改めて紹介しておきます。

■日本は東西に分断／中国の一部に

中国の外務省である「外交部」が作成したと言われる地図の日本列島周辺の全体図は、日本が中央から二つに分けられている。本州が中部地方、愛知・静岡県境あたりで東西に分断され、それより西の関西、中国地方、四国、九州は「東海省」とされ、富山県、静岡県あたりより東、北海道までが「日本自治区」とされている。つまり、日本全体が中国の領土となっていて、西半分は、中国の「省」の一つとなり、東半分は日本人の自治区扱いとされている。

自治区とは、現在の中国ではチベットや新疆ウイグルなどがそれにあたる。チベットは朝鮮戦争で世界の目が朝鮮半島に釘付けになっている間に中国軍が突如侵攻し占領した。チベットの人々は、熾烈なゲリラ戦などで抵抗したが、1959年3月に中国軍の攻撃によって、ダライ・ラマ法王とともに8万人の民衆がインドに亡命、チベットは中国に完全に制圧されてしまった。日本に対しても、中国政府は同じ戦略で侵略してくるだろう。

これは「富士山の噴火」による日本列島の分断を想定したものではないかと考えられます。前出の船瀬俊介氏の書籍『巨大地震だ、津波だ、逃げろ！』によりますと、富士山の噴火による火砕流で、静岡県のあたりは幹線道路と鉄道が遮断される可能性が高いからです。最終的に、首都東京が破壊され、国家機能を喪失した日本は、日中韓をまとめた東アジアの一つの国家として中国共産党政権に管理させることが世界支配層の計画なのです。

アメリカは人工地震・津波テロの死者を2000万人と計算している

前回失敗したアメリカは、今度はぬかりなく人工地震・津波兵器による日本の国土の焦土化作戦を遂行するでしょうが、それにしても死者の推定が2000万人というのはどの武器によるものと考えているのでしょうか。

船瀬俊介氏は「津波と原発による」と述べていますが、先の東日本大震災では津波による死者は行方不明者と合わせても約2万人と報告されています。南海トラフ巨大地震でより大きな津波が押し寄せたとしても、一気に千倍の死者が出るとは考えられません。

私は、この2000万人の死者の大半は首都直下地震に伴う火災による死者を想定していると見ています。先の関東大震災の時とは比較にならないほど人口が密集した首都東京が猛火に包まれれば、都内にいる一般の人は誰も逃げ出すことはできないでしょう。

東京の人口は都心23区だけで約900万人。通勤者は約500万人。よって昼間人口は約1400万人にもなるのです。すべての交通網が遮断されるため、この人たちのほとんどは都心に閉じ込められてしまいます。前回は地震が思ったより軽かったため歩いて帰宅した人もいましたが、今度は世界支配層も入念に仕掛けをしていると思いますから、都心は必ず火の海に包まれるはずです。

その理由となる内容を船瀬氏の書籍から少し引用しておきます（要約です）。東京に住んでいる人、東京で働いている人にとって、この本は必読書と言ってもよいでしょう。

■我が家への道は閉ざされる

火災リスクマップで危険地域は都心部を半円状に取り巻く。関東大震災の体験談をふまえると、これらの地域では数多くの〝炎の竜巻〟が発生する。それは、〝火の壁〟となって一帯を焼き尽くす。上空から見ると半円状の〝炎のリング〟に見えるだろう。つまり都心部を半円に覆う住宅密集地。その一帯が都心を閉じ込めるように燃え盛る。都心にはオフィス街が密集している。地震発生時、約500万人が働いている。彼らは、いわゆる帰宅困難者となる。

東日本大震災のとき、やはり大量の帰宅困難者が発生した。公共交通はほとんどストップ。彼らは徹夜で黙々と道路や線路沿いを歩いて、我が家を目指した。しかし、今回は、そうはいかない。震度6〜7の直撃で、鉄道どころか道路も寸断されている。倒壊した家屋やビル。どこが道路なのかもわからない。その瓦礫を乗り越えて、遠い我が家を目指そうとする。しかし、前方を見て息を呑むだろう。地平に〝炎の壁〟が立ちはだかっている。

100メートルの火柱が荒れ狂っている。火災旋風の狂乱だ。つまり500万人は〝炎のリング〟に包囲されたのだ。脱出して自宅に向かうことは絶望的だ。

最近、政府は「無理に帰宅せず会社にとどまる」よう指導している。これしか選択の余地はない。オフィスも震度7前後では、相当被害を受けているだろう。しかし、〝炎の壁〟を突破する無謀より、会社に籠城するほうが、はるかに安全だ。

■炎の竜はジャンプする

〝炎のリング〟も最初は、炎の点にすぎない。その点と点が次第に合体して面になっていく。そして、火柱は数十メートル、100メートルと巨大化していく。火災旋風の実験でも実証されている。100メートルを超える炎の竜巻が何十本も荒れ狂う。あなたは想像できるか?

炎の竜は〝ジャンプ〟するという。数百メートルも瞬間移動する！　正確には炎が飛び火するのだ。大火災では一帯は酸欠状態になる。熱風で可燃性ガスが竜巻状に上昇する。そこに隣の火柱から飛び火する。一瞬で燃え上がる。それは、〝炎の竜〟が火の海を跳梁しているように見える。この世のものとは思えぬ光景だ。

■炎のリングは炎の海へ

都心を取り巻く〝炎のリング〟は周辺を侵蝕していく。

さらに首都圏全域に拡大していく。最後は〝炎の海〟となる。まさに悪夢の光景だ。

首都全域を火炎地獄に導くのが〝炎の導火線〟だ。それは首都圏を網の目状に走る道路網である。そこに渋滞、連なる車列が延焼、爆発し炎の網の目は、延々と関東全域に延びていく……。

関東大震災のときと違い、いまや、車は一家に一台の時代だ。都内には数百万台の車がある。

「地震のときは車を使わないで！」政府は呼びかける。しかし、早い脱出を考えれば、だれでもハンドルを握る。ましてや震度7に動転している。車庫から車を出す。ものの数十メートルも行かないうちに、動けなくなる。皆、同じことを考えるからだ。うまく幹線道路に出られた。しかし、そこは車の大洪水。1メートルも進めない。道路があちこちで寸断されている。あきらめて、人々は車を捨て徒歩で避難を始める。こうして東京中の道路という道路は車で埋め尽くされる。

わずか車1台でも引火するとすさまじく炎上、爆発する。震災後の道路上には延々と何千、何万台もの車が数十キロにわたって連なるのだ。まず、道路上の車が炎上する。それが導火線へのライターの役目を果たす。

さらに道路網の節目にはガソリン・スタンドがある。地下には可燃性揮発油をたっぷり貯蔵している。そして、老朽化がいちじるしい。震度7では地下タンクの亀裂や、施設破損でガソリンなどが漏れ出すだろう。それが渋滞車列の導火線に引火する。夜、震災後の東京を空から見下ろす。すると闇の中にオレンジ色の網の目がゆっくり広がっていくのが見えるはずだ。


まだまだ続きますが、このあたりでやめておきます。要するに、今度の首都直下地震では都内にいる人の助かる可能性は非常に低いのではないかということです。アメリカが次の人工地震・津波テロの死者を2000万人と見積もっている根拠はここにあると思っています。

今年の3月、世界支配層が作らせたと思われるドキュメンタリー番組がケーブルテレビのナショナル・ジオグラフィック・チャンネルで放送されました。「忍び寄る超巨大地震の恐怖」というタイトルのその番組では、首都直下地震のあとまもなく富士山が噴火し、溶岩流のため日本は分断され、首都は火山灰が降り積もって都市機能を失うというものでした。彼らが予定している（期待している）日本沈没の絵姿ではないかと思われます。

日本沈没によって国民は国内難民化する

首都直下地震、富士山の噴火、南海トラフ巨大地震によって日本が国家破産した場合、国民はどのような境遇に置かれるのでしょうか。自然災害による被害がなかったとしても、国家破産がもたらす苦難は現在の日本人には想像もできないような厳しいものになると考えられます。

経済に明るい専門家の分析を参考にしてみましょう。『国家破産を生き残るための12の黄金の秘策（上）』（浅井隆・著／第二海援隊）の内容を、できるだけ原文を尊重しつつ要点のみ抜粋しました。浅井氏は、かつてバブル経済の崩壊を早くから予測し、警鐘を鳴らし続けた人です。結局、その予測は的中しました。私は今回の氏の予測も的中すると思っています。

■ある日突然お金が紙キレになる

「新円切替」によって持っている円建て資産が一瞬で消滅、あるいは価値が激減する。日本でも第二次世界大戦後に新円切替を行なった。１９４６年2月16日、日本政府は新円切替を発表、旧円は3月3日を以って流通を停止するとした。およそ2週間で持っている通貨がすべて使えなくなるということだ。新円への切替は等価とされたが、銀行への預け入れが必須条件だった。また、翌17日には預金封鎖が行なわれ、引き出し額は著しく制限された。これによってタンス預金など市中に出回っている旧円は銀行に集められ、旧円は市中に出回らなくなった。そして、とどめが財産税で、旧円が流通停止となる3月3日時点の財産に最大で90％もの税金をかけるというものだった。簡潔に言えば、流通している通貨を使えなくし、通貨切替をさせるため銀行に預け入れさせ、そのお金に重い税金を課して没収した、ということだ。

■他国に占領され、搾取される

アメリカの意向を反映するIMFが乗り込んできて財政再建を優先した預金封鎖や新円切替などの施策を講じると、国民は貧困と二極化にあえぐことになる。

■仕事がない！　仕事がない！　仕事がない！

大不況が巻き起こり民間の仕事は間違いなく激減し失業者で溢れる。人員整理や給料カットなど公務員の地位も危ない。事業主も一度破産してしまえば立ち直るのは至難の業となる。政府は生活保護を出す余力もない。一度仕事がなくなれば再雇用は難しく、「生命の危機」に陥るだろう。

■あふれ出す「貧乏老人」

国家破産で国債が吹き飛べば、積立金の約65％が日本国債で運用されている公的年金の減額はおろか年金消滅の憂き目に遭うことすらありえる。国家破産した国では高齢者の大半が貧困にあえぐことになり、その多くは自殺という最後を選ぶ。

■食べ物が手に入らない

国家破産に伴う典型的な極限状態は「食べるものがない」ということだ。国家破産した国でも、食べ物がまったくなくなるということはない。実際に起こるのは、食べ物があっても「手に入れられない」という事態だ。もし普通の食料を確保する自信がなければ、いまからサバイバル術を身につけるのも一手かもしれない。首都圏や大都市に住む人であれば、ゴミ捨て場に集うカラスやネズミ、駅前に大量繁殖しているムクドリなどは格好のタンパク源だ。また、近所に山があれば山菜やキノコが取れるかもしれない。川や海のそばなら魚を捕る手がある。野原にも球根や野草が自生していることがある。虫を食べる手だってあるだろう（私は冗談でこんなことを書いているのではない。このままでは必ずこういう時代がやって来るのは間違いない）。

■「地獄のサバイバル」を生き抜くには

私たちの生活の目線で、国家破産が何をもたらすかを見てきた。預金封鎖や仕事がなくなるなどすぐに目に見える問題から、社会インフラの機能停止や国民の精神に及ぼす被害など長期的な問題まで、実に様々なことが起きるのだ。まるで地獄のような世界だが、そのような時代を生き抜くには、様々な知恵や特別な準備、特殊なスキルが必要となる。

来たるべき「大サバイバル時代」に向けて私たちが最初に持つべきものは「正しい危機意識」だ。国内や海外で事件が起きた時、「まさか自分の身の回りでは起きないだろう」「自分には関係ない」ではなく、「身の回りでも起きるかもしれない」「自分が巻き込まれそうになったらどうするか」と自分に置き換えて考える訓練が有効だ。そうした心構えを常に持って、どんな準備をしていくのか、真剣に考えていただきたい。これからの日本は、その心構えひとつあるかどうかであなたの将来が決まると言っても過言ではないのだから。


浅井氏は、国家が破産した国では、国民がゴミ捨て場に集まるカラスやネズミまで食べることになる、という事例をあげています。そして、「私は冗談でこんなことを書いているのではない。このままでは必ずこういう時代がやって来るのは間違いない」と断言しているのです。

「自分は関係ない」と高をくくることなく、今から心の準備をして、「そのとき何をすればよいか」ということを真剣に考える必要があるでしょう。「第四章／カルマ編」からあとの本書の内容もぜひ参考にしていただきたいと思います。

あるゆる分野で人の二極分化が進んでいる

さて、戦後70年、世界の国々の中でも比較的平和な時間を過ごしてきた日本国民は、世界支配層による人工地震・津波テロによって、これから想像を絶するような厳しい局面を迎えることになると思われます。つまり、人生最大の「極限的状況」を体験させられるということです。

極限的状況では、人は二極分化します。つまり、善悪どちらかの性格を強めていくことになるのです。潜在意識に蓄積した「本当の心」が表面に現れるからです。

わかりやすい例で考えてみましょう。たとえば、人が自由にできるお金の額という点からは、いわゆる「持てる人（富める人）」と「持たざる人（貧しい人）」が世界中で極端化しているのがわかります。豪奢な別荘をいくつも持ち、自家用の飛行機で飛び回っている人もいれば、その日の食べ物を手に入れるだけのお金もなく、空腹でゴミ箱をあさっている人もいます。それは開発途上国の姿ではありません。世界で最も豊かな国と思われてきたアメリカ合衆国で起こっていることなのです。

そして、それに近い状況はわが国でも起こり始めています。地震や津波の被害がなくても、今のアメリカのような社会が到来するのは確実でしょう。その上国家破産ともなれば、深刻な食料危機に直面するのは避けられません。「日月神示」にも述べられている通り、「日本人は今日食べる物も手に入らないような事態を経験する」ことになるのです。

しかしながら、私がここでお伝えしたい〝二極分化〟の姿は、「富の偏在が進む」ということだけではありません。それはすでに逃れることのできない恐慌という形で表面化すると思われますが、それとともに戦争や内乱、テロなどが多発するようになり、また大規模な自然災害に見舞われる国が出てきて、この物質文明を支えている社会的なインフラが深刻なダメージを受け、人々の「心」が二極分化していくことを危惧しているのです。

終末には潜在意識の中身通りの現実を体験する

これから始まる日本と世界の大動乱によって、多くの人が恐怖の体験を味わうことになると思われます。地位や財産を失うことから始まり、自分や家族の命を失うという厳しい局面に立たされることもあるでしょう。そのようなとき、私たちが「恐怖心」を克服して冷静に物事に対処するためには、「心の働き」すなわち「潜在意識と運命の関係」を理解しておくことが重要なポイントになると考えています。

この世界において「恐れる」という心の働きは多くの生き物が本能的に持っているものです。弱肉強食の動物の世界においては、天敵から身を守るために恐怖心や警戒心を持つのは健全な本能なのです。

同じように、私たち人間の場合も、生まれた時から本能的に恐怖心を持っています。一例として、「高い場所から落ちることを恐れる気持ち」などが挙げられます。しかしながら、これから終末の大峠にかけて人類が直面するのは、すべての人にとって逃げ場のない恐怖なのです。

ほとんどの人は、自分および自分の家族や友人らとともに生き延びようと努力することになるでしょう。場合によっては、他の人々を押しのけたり、踏み台にしたりしてでも生きようという人が出てくるかもしれません。実は、このときに人は試されるのです。これが終末における卒業試験の最も重要な問題ということになります。

見知らぬ人たちを踏み台にしてでも「自分さえ、自分たちさえ助かればよい」という行動、あるいは「とにかく死にたくない、生き残りたい」という肉体生命への執着心をあらわにした行動では、おそらく〝卒業試験〟には合格できないはずです。

別に神様がお釈迦様のように高い位置から見ていて、人類を選別されるということではないのです。その人の「心の癖」つまり潜在意識の中に蓄積されている「思考パターン」が、終末の土壇場では一気に表面に現れ、強調されることになるということです。それが「極限的状況」ということになります。

人は自分の身の安全が守られているとわかっている時には、他の人のことにも心を配ることができますが、いざ自分の命が失われるような事態に直面すると、潜在意識の中に蓄積された〝本当の自分〟が姿を現すのです。ですから、「このままでは助からない」といった極限的状況においては、潜在意識の中身の通りに振る舞うことになります。

人は自分の潜在意識の中身（心の癖）は知ることができないため、終末の土壇場の絶体絶命のときには、潜在意識の中に蓄積した「心の癖」と波長の合う現象を引き寄せ、体験することになります。物質欲に満たされ、「我善し（利己主義）」の気持ちを強く持ち続けている人は阿鼻叫喚の地獄的体験をすることになる可能性が高くなります。

信頼できる霊界通信の伝えるところでは、死んで霊界や幽界に赴いた魂は、この地上で身につけた「心の癖（魂の波長）」と波長の合う世界に行くと言われています。霊的世界では心の働きがこの物質界の何十倍も強力になるということですから、潜在意識の内容が強調されて表面化していくことになるのです。

これからはこの物質世界と霊界との次元の壁が薄くなり、最終的には半霊半物質の世界になると言われていますので、霊界と同じように人の潜在意識の中身が強調された形で次々と表面化することになるでしょう。死んで肉体を失うことを恐れる気持ちの強い人は、これからは生き地獄とも言えるような恐怖体験をすることになると思われます。

極限的状況のときに、人は仮面の下の顔を見せる

ここでさらに「恐怖心」について考えてみましょう。

物質界に生きる私たちの潜在意識の中には誰もが「恐怖心」を宿しています。それは、人類が長い間に蓄積してきた集合意識とも言えるものです。この集合意識に蓄積された人類意識の中には「恐怖する気持ち」が蓄積されていると思われますので、私たち一人ひとりの潜在意識もその影響を受

けるのです。

それは、「ホモサピエンス」という種を守るために身につけた本能であり、もともと人類がこの物質界で生き延びて魂を進化させていくために必要な心の働きでもあるのです。そういう意味では、この肉体生命を失うことに恐怖心を持ち、その結果として生命そのものを大切に思う「心の癖」を持っていることは大変意味のあることなのです。

自分の命と同じように他の人の命を尊重し、また人間に限らずこの地球に棲息するすべての生き物の命を大切に考えるようになるための入り口として、私たちが自分の命を失うことに恐怖心を持つことは、決して間違った心の持ち方ではないのです。むしろ、自分で自分の命を絶ったり、他の人や生き物の命を粗末に考えるような「心の癖」を身につけることのほうが問題なのです。

しかしながら、この終末の土壇場においては、私たちが本能的に持っている「命を失うことの恐怖心」そのものを手放すことが求められているのです。

「命を大切にする（尊重する）」ということと「その命に執着しない」という、一見矛盾するような心の整理が求められることになります。その答えをひとくちに申しますと、「命を預ける」ということです。「この命をどうぞお使いください」という心境と言ってもよいでしょう。

では、私たちは誰に、何者に、この命を預けるのでしょうか。

これが今回の結論となります。私たちが、これから遭遇するさまざまな試練にたじろぐことなく、覚悟を決めて終末のカタストロフィーを乗り越えていくためには、「命を預ける」という心の状態を作り上げる必要があるのです。

命を預ける相手とは、もうおわかりかと思いますが、私の表現で申しますと「宇宙絶対神」「スーパーパワー」ということになります。この宇宙全体を司る「法則」「力」、そして「愛」の波長そのものと言われる神様のことです。

そのような神様の存在を信じ、この物質世界を生きるために必要な肉体生命を預けることができるかどうか――このことが終末における身魂磨き《みたまみが》の最も重要なポイントであると確信しています。これこそが終末期における「恐怖心」を克服する唯一の方法と言ってもよいでしょう。

「日月神示」には、次のような言葉が述べられています。


どこにどんな事していても、助ける人は助けるのざぞ。神の御用ある臣民安心しておりてくだされよ。


ミタマ（身魂）磨けておれば、心配なくなるぞ。心配は、磨けておらぬ証拠ぞ。

ミタマ磨きとは、善いと感じたこと直ちに行なうことぞ。


これからまもなく訪れると思われる終末の大動乱に備えるために大切なことは、核シェルターを準備したり、地下都市に隠れたりすることではなく、「ひたすら身魂を磨いておくこと」なのです。要するに「心の問題」として対処することが大切だということです。身魂磨きによって心の中の掃除ができていれば、どこにいようと、どんなことをしていようと、助ける人は助けると「日月神示」の神様が保証しておられます。そのためには、「善い」と感じたことを先送りせずに「直ちに行なうこと」とあります。このことに関しては後の章で詳しく説明します。

第四章　カルマ編

終末には、
個人のカルマ、国のカルマ、人類のカルマの清算が求められる。

投げたボールが返ってくるのがカルマの法則

「この世は因果律によって支配されている」ということは、仏教では「自業自得」「善因善果・悪因悪果」という言葉で、新約聖書でも「人は自分が蒔いた種を刈り取らなければならない」という表現で、それぞれ同じ意味のことが述べられています。最近流行の言葉でいえば「原因と結果の法則」ということです。

人がこの世で体験する内容は、すべて過去において（前世も含めて）自ら発信したこと（行為・言葉・思念＝身・口・意）の結果だということです。発信したことは異次元に蓄積され、カルマとなって、やがて同種のものをこの世界に返してきます。「身・口・意」を白と黒のボールに喩えて考えてみましょう。白は「善いカルマ」、黒は「善くないカルマ」とします。

黒いボールを投げて他人を傷つければ、一定の時間を経て、今度は自分が他の人から同種の黒いボールを投げられ、傷つけられることになる、というのがカルマの法則です。

異次元から投げ返されたボールによって痛みや不快感を感じることで、次からは黒いボールを投げてはいけないことに気づかされるのです。いわば「自業自得の法則」ということで、このようにカルマは人が気づきを得るための大変ありがたい法則であることがわかります。

新約聖書にイエスの言葉として、「あなたが他の人にしてほしいと思うことを、他の人にもしてあげなさい」と述べられているのはそのためです。「可哀想だから人を傷つけてはいけないよ」という道徳的規範というよりも、「人を傷つければ、結局あなた自身が傷つくことになるんだよ」という、まさに自分自身のためになる戒めなのです。新約聖書には、まったく同じ意味で「与えなさい、そうすれば自分も与えられるであろう」という表現もあります。

その一番極端な事例として、わが国には「人を呪わば穴ふたつ」という諺があります。わら人形に釘を打ちつける「丑の刻参り」という呪いの儀式を行なうことによって、恨みに思う人物を呪い殺すことができるというものです。しかしながら、その呪いの念は黒いボールですから、それはやがて自分のところにも同じ黒いボールとして返ってくるのです。その結果、自分も死んでしまうため、埋葬する墓穴が二つ必要になるということです。

この「必ず同じものが返ってくる」という宇宙の法則によって、私たちは過去（または過去世）において投げたボールをこの人生で受け取っていることになります。信頼できる霊界通信の伝えるところによりますと、人生でどんなボールを受け取ることになるかは、生まれる前に霊界ではある程度わかっていて、私たちはそれを受け取る覚悟をして生まれてくると言われています。肉体を持って人生の苦難を体験することで、身魂が磨かれ、異次元の善くないカルマの在庫が減っていくことになるからです。

ところが、現実にこの世界に生まれてしまうと、生まれる前の決意を忘れてしまって、「なぜ自分はこんなに運が悪いのか」「なぜ自分は他の人よりも不幸なのか」と不満に思ったり、悩んだりすることになるのです。

人によっては神社や霊能者のところに足を運び、「どうか運がよくなるようにしてください」とお願いをします。でも、これはおかしいのです。「私が過去に投げた黒いボールを、どうか受け取らなくて済むようにしてください」とお願いしていることになるからです。それでは自分が投げたボールの行き先がなくなってしまいます。

「親の因果が子に報う」という言葉がありますから、亡くなった親や祖先の投げたボールを子供や子孫が受け取る場合はあるようですが、まったく関係のない他人が受け取ってくれることはありません。「自業自得」がカルマの法則だからです。

この物質世界を貫いている「エネルギー不滅の法則」から見ましても、投げたボールが途中で消えてしまうことはなく、ブーメランのように必ず投げた本人のところに返ってきます。その法則があるおかげで、この宇宙の秩序が保たれているのです。

さらに、個人が投げたボールだけでなく、国家や民族、あるいは人類全体として投げたボールも、同じように返ってきますので、今日の地球の自然環境破壊や異常気象は、これまでの歴史の中で人類が投げてきた黒いボールが、その子孫である現在の人類のところに返って来ていると考えるべきでしょう。

カルマがこの世の現実を作り出している

般若心経の「色即是空」「空即是色」は「心がすべての物質と現象を創っている」ことを言って

います。ただし、その「心」には「ふだんの心（顕在意識）」と「奥の心（無意識）」の2種類があります。また、「無意識」は「潜在意識（個人の無意識）」と「集合的無意識」に分けられます。

そして、人の運命に影響を与えるのは「潜在意識」、集団（家庭、団体、国、民族、人類）の運命に影響を与えるのは「集合的無意識」ということになります。無意識は個人ごとに個性があり、その個性のことを、私は「潜在意識に刻んだ心の癖」と表現しています。潜在意識に癖をつけるのは「ふだんの心（顕在意識）」です。いつも同じような心の使い方を繰り返していると、それが心の癖となり、潜在意識に刻まれるのです。その状態を仏教では「岩に書いた文字」に喩えています。岩の表面に善くない文字を書いてしまうと、なかなか消えない善くないカルマとなってしまうということで、「悪因悪果」として戒めているのです。

問題は、私たちは自分自身の「奥の心（潜在意識）」の中身を簡単には知ることができないということです。つまり、自分にどんなカルマがあるのかが判らないのです。そのために、無意識のうちに善くない心の使い方をして、天の蔵に善くないカルマの在庫を増やしていることが多いのです。しかも、「ふだんの心」が「奥の心」に貯まり、やがてこの現実世界に形となって現れるまでには時間がかかりますので、その因果関係が理解しにくいのです。

そのような心の働きについて述べた一文を以下に紹介しておきます。

内なる世界では、心と物質的に現象化したエネルギーの結びつきがより容易に識別できるのに対

し、物質界では波動の濃密さのために、内なる世界と同じ原理が働いているにもかかわらず、事物が外面的に現象化するのに時間がかかる。

良いことであれ悪いことであれ、何かを望むと、その何かはわれわれに向かって接近を開始する。「心に思うことは具体的な行為にほかならない」と古い格言にあるが、「われわれは自分が思うことを慎重に選ばなくてはならない」ともいう。

――『空間からの物質化』(ジョン・デビッドソン・著/たま出版)

「内なる世界」というのは潜在意識(奥の心)の中身を意味しています。それはふつうの状態では確認することはできません。ジョン・デビッドソンもこの本の中で「熟練した深い瞑想によって初めて心の奥底が見える」と述べています。記憶にとどめていただきたいのは、「心の世界では、この物質世界で起こることと心との因果関係が容易に識別できるのに対し、物質世界は波動が粗いためにそれが現象として表面化するのに時間がかかる」という内容です。

霊界のように、肉体(物質)を脱ぎ捨てた心の世界では、思ったことがすぐに実現するということですから、この世界で生きている間に心をコントロールする技術を身につけておくことが非常に大切になります。

日頃から人を傷つけるような言葉を口にしている人は、死後はその心(潜在意識)の波長通りのお互いに傷つけ合う世界に引き寄せられるのです。霊界あるいは「心の世界」では、「類は友を呼ぶ」

現象がすぐに実現するからです。

もちろん、それはこの三次元の物質界でも「類は友を呼ぶ」という形で同じように起こっているのですが、この世界では実現までに時間がかかるため、ほとんどの人は自分が発信している波長の性質がどういうものかに気がつかないのです。

心で思ったことがすぐに形になる時代が近づいている

さて、東日本大震災の失敗に懲りず、海賊一味（世界支配層）が再び「日本沈没」テロを仕掛けてくるのが確実となっていますので、その後の世界大恐慌とともにこの物質文明が終末に向かって突き進むことになりそうです。

終末とは文字通り「この世の終わり」ということですが、この世が終わったあとには「あの世（霊界）とこの世が合体した世界」が生まれるといわれ、その世界のことを「日月神示」では「半霊半物質の世界」と表現しています。物質世界であるこの世が霊界的性質を強めてくるということでしょう。そうなるとどういうことが起こるでしょうか。

多くの霊界通信が、「霊界では心で思ったことがすぐに現実となる」と伝えています。ということは、たとえばある人（霊）が霊界で他の人（霊）に対して攻撃する心を持てば、それはすぐに相手（霊）を傷つけ、同時にカルマの持つ「ブーメランの法則」によって、発信した人（霊）自身をも傷つけてしまうことになります。

これは実際に今日でも低層霊界で起こっていると言われており、仏教ではそのような霊界のことを「修羅」や「地獄」と表現しています。しかしながら、この物質世界が半霊半物質の世界になるということは、単にこの世があの世（霊界）と合体することではなく、その霊界の中でも高級神霊の住まう世界と、逆に低級霊の住処となっている地獄的世界に二極分化していくようです。

前者のことを聖書では「神の国」と呼び、日月神示では「ミロクの世」と表現しています。他者を攻撃するような心の使い方をする人がまったくいない（そのような人は住むことのできない）世界です。

残念ながら多くの人は現在の物質文明で身につけた善くない心の癖を、潜在意識の中に大なり小なり善くないカルマとして蓄積していますので、それをきれいに掃除しておく必要があるのです。でないと、「心に思ったことがすぐに現実になる」という霊界的な性質を持つ世界では大変悲惨なことになってしまうからです。

そのようにして潜在意識の中にある善くない心の癖を修正していくことが「身魂磨き」であり「善くないカルマの清算」ということになります。これは終末の次元上昇のためには欠かすことのできないことなのです。ただ、普通の人はなかなかこの世に対する執着心を手放すことはできませんので、それを強制的に取り除く作用としてカルマが働くことになります。

終末の土壇場で起こると思われる大天変地異現象は、人々がこの物質社会に対する執着心を手放すように準備されたものと見ることもできます。カルマの法則が愛の法則と言われるのはそのためです。人は、失うことを通じてその価値に気づくと同時に、自分が追い求めてきたもの（財産や地位、名誉など）がいかにはかないものであったかということに気づかされるからです。

このように、終末の時代に生きる私たちにとってカルマの問題は避けることのできない重要テーマなのです。

集団のカルマは関係者全員が分担して掃除することになる

カルマ（業）には、その責任が個人に帰するものと、属する集団に帰するものとがあります。集団は家庭という小さな単位から始まり、職場の仲間や地域社会の人たち、日本に住む人びと、世界中の今生きている人びと、人類全体（過去の人びとも含む）といった形で広がっていきます。

人類が生み出してきた文明の恩恵に浴している私たち現代の人間は、先人たちが作り出したこの文明が生み出すマイナスの部分についても責任を負わされることになります。たとえばいま直面している原子力発電所の問題も、私たちが直接作ったものではありませんが、そこで生み出される核廃棄物の問題は、これから生まれる人たちにも責任が分担させられ、悪影響が及んでいくことになります。人類全体で「善くないカルマ（業）」の解消を迫られているということです。

私たちの「身・口・意」は関係する人たちを通じて大なり小なり社会に影響を及ぼしていきます。その結果として、社会からの見返りもあるわけです。同時に、社会もまた全体としてカルマを形成していくことになります。その見返りは社会を構成する一人ひとりが、その貢献度（集団のカルマをつくるのに関わった度合い）によって受け取ることになります。このように、個人と社会（集団）はカルマの面から見ても深いつながりがある、ということを述べているのです。

次に、カルマに関して書かれた文献のなかで、私が最も尊重している書籍の一節を抜粋して紹介します。以下は『新カルマ論』（ポール・ブラントン著／大野純一訳／コスモス・ライブラリー）からの引用です。

カルマについての教えによれば、われわれの各々は内なる力と一定の自由を持っている。その力をどのように使うか――または使うか使わないかのどちらを選ぶか、それ次第で、その結果がずっと木霊《こだま》のようにわれわれの人生についてまわる。生きていくにつれて、木霊はますます複雑に鳴り響くようになる。

同様の選択が再三再四なされると、それは傾向になる。傾向は習慣になる。習慣的思考、習慣的感情、習慣的行動がわれわれの世界観全体を引き継ぎ、染め上げ、そして形づくる。

私たちがいま体験しているこの世界は、実はそれぞれ自分の心（正確には潜在意識）が作り出しているものです。ではその潜在意識の内容はどのようにして変えることができるのかと言いますと、同じような心の使い方を再三再四繰り返すことなのです。やがてその心の使い方は習慣となり、潜在意識の中に定着するというメカニズムになっているのです。

「感謝する」という心の働きを例に考えてみてください。「同様の選択が再三再四なされる」というのは、「いつでも、どんなことに対しても感謝する」という行為を続けることを表しています。そうしますと、「それは傾向になる」そして「習慣になる」というわけです。つまり、感謝癖が身につくということです。

その結果は、感謝したくなるような出来事が「ヤッホーと叫べばヤッホーと返ってくる木霊のように」その人の人生についてまわるようになるのです。カルマとは、自分が投げたものが返ってくるということだからです。ただし、すぐに返ってくるのでなく少し時間差があるので、木霊をたとえに使っています。

新約聖書などでは「蒔いた種が芽を出す」という表現が使われていますが、これも使った心の結果が現実化するまでには少し時間がかかることを表しています。そのために、自分が作った原因（心の使い方）と結果（出来事・運命）の関係がわかりにくいのです。しかし、じっくりと人生を振り返ってみますと、私たちの人生は過去において習慣的に使ってきた心の反映であることがよくわかるようになってきます。不満癖を持つ人にはどうしても不満に思う出来事が降りかかり、世の中や人を恨んで人生の幕を閉じることになります。

心は言葉や行為として表現されますから、その言葉や行為をコントロールすることも大切です。不満癖のある人は、まず「不満の言葉を口に出さない」ということを習慣にしなくてはなりません。あるいは不満が口に出たらすぐに打ち消し、感謝の言葉に置き換えることです。

カルマの「善悪」を判断する基準は何？

カルマの「善い」「悪い」の判断を何でするのかということについて説明しておきます。これは「自分が与えたものが自分に返ってくる」というカルマの特徴を考えればすぐわかることです。

たとえば人から「いじめられる」「人前で恥をかかされる」「仲間はずれにされる」といったことは決して心地よいものではないと思います。そういうことを他の人からされたくなければ、自分も他の人に対してやってはいけないということがわかります。それがカルマの法則なのです。

「他人に与えたものが自分に返ってくる」わけですから、「返ってきてほしくないもの」を「悪いカルマ」と判断すればよいわけです。そのように気づきを重ねることによって、人は自らの魂を磨き、次第にレベルアップ（進化）していくのです。

そのことが新約聖書の中でも、イエス・キリストの言葉として次のように述べられています。（以下は「ルカによる福音書」より抜粋）

人々にしてほしいとあなたが望むことを、あなたも人々にしてあげなさい。

あなたがたが他人を量る量りで、神はあなたがたを量り返されるでしょう。

もちろん、これは心の使い方を処方しているわけですから、対象を人間に限っているわけではありません。この地上に生きるすべての生き物に対して、あるいは私たちが無生物と思っている物に対しても、どのような心の姿勢をもって接するかが試されるのです。人間仲間は大事にするが生き物を殺すことにはなんのためらいもない、ということであれば、そのような心の使い方に対する「返り」は決して心地よいものではないでしょう。

たとえば仏教でも聖書でも「殺す」ことを最も善くないこととして教えていますが、これは「人を殺す」ことに限っているのではなく、人間よりも弱い立場にある生き物全般、特に人間により近い哺乳動物を殺しても何とも思わない人には、カルマの法則によって「殺される恐怖」という「返り」があるのです。牛や豚を殺して食べることに何のためらいも感じない人には、「殺されることの恐怖を味わう」という形で「気づき」のきっかけが与えられます。

「肉は好物だからよく食べるけど、別に私が動物を殺しているわけではない」と考えている人は、まだ気づきが足りないのです。肉を食べる人がいるから、精肉業者の人たちはその肉を商品として準備するために、牛や豚などを消費者に代わって屠殺しているのです。殺される牛や豚などが感じる「恐怖心」のお裾分けは、その肉を食べる人が分担させられるのです。「原因をつくった人に結果が及ぶ」というのがカルマの法則だからです。

このようにして、人類の一人ひとりが、自らの気づきによって善くないカルマの清算を済ませるならば、人類の集合意識は浄化され、地球のカタストロフィーを穏やかなものに変えることも可能でしょう。「大難を小難に変える」ということです。しかし、今日の世界を裏からコントロールしている世界支配層が、人類の意識が浄化とは逆の方向に向かうように、さまざまなメディアを使って巧みに操作している現状では、それは望めそうにありません。しかも、もう残された時間がほとんどないのです。そこで、まず気づきを得た人から順番に心を正しく使うことに務めながら、同時にその正しい使い方を周りの人に伝えていくことが必要になってきます。

カルマの法則は仏教では「因果応報の理」と表現し、善くないカルマを作らないための心の使い方を詳しく教えています。その結論とも言える内容が『仏教聖典』（仏教伝道教会）にわかりやすく述べられていました。その中でも特に注目していただきたいのは以下の部分です。

迷いもさとりも心から現われ、すべてのものは心によって作られる。ちょうど手品師が、いろいろなものを自由に現わすようなものである。

人の心の変化には限りがなく、その働きにも限りがない。汚れた心からは汚れた世界が現われ、清らかな心からは清らかな世界が現われるから、外界の変化にも限りがない。

絵は絵師によって描かれ、外界は心によって作られる。

心はたくみな絵師のように、さまざまな世界を描き出す。この世の中で心のはたらきに

よって作り出されないものは何一つない。

私たちのカルマの内容に影響を与え、この人生における運命を左右する力を持っているのは私たち自身の「心」だということです。そのことが仏教の教典の中には詳しく述べられているのです。そのような素晴らしい真理が述べられているにもかかわらず、今日では仏教は葬式や法事のときにしか出番がありません。仏の教えが綴られているお経は、亡くなった人を慰霊するために唱えるものといったとらえ方をされているからです。大変もったいない気がします。

終末には人類全体のカルマも清算される

個人のカルマは潜在意識に蓄積されていますが、同じように国や民族、人類などの集合的なカルマは、人類の集合的無意識の中に蓄積されていると思われます。終末の土壇場ではそのカルマが一掃されることになりますので、「古い老廃物のようなものは、そこから去っていくために表面化する」という現象が起こるのです。

重篤な病気が治る直前に、症状が一気に悪化する現象が見られると言われます。それを医学用語では「ケミカライゼーション」と呼んでいます。体内毒素が噴き出して、見た目には症状が悪化したかのように見えるのですが、それは体が浄化され尽くしている証拠ですから、そのことで恐怖にかられたり、悩んだりと、心を動かす必要はないのです。むしろ、全快する兆候とみて喜ばないといけないのです。終末にも、この地球と人類社会に同じような兆候が現れると思われます。いわば「人類社会のケミカライゼーション」とでも呼ぶべき現象です。

「人類の目標である神の国（ミロクの世）がやってくる直前には、この世の終わりと思われるような天変地異や人為的な戦争などが起こる」ということになるでしょう。

怨みや怒り、恐怖心といった心の働きが、集合的無意識の中に老廃物のように蓄積されていて、それを一掃するためには地球ごと大激震に見舞われるということです。当然、人類がかつて経験したことのないような大混乱に巻き込まれることは避けられません。しかしながら、その大混乱の先には、水晶のように光り輝く「ミロクの世」が待ちかまえているのです。

「夜明け前が一番暗い」という現象はそういうことなのです。「日月神示」には、新しい年を迎える前の大晦日にたとえて、「みそかは闇と決まっておろう」という神示があります。

時間が速く過ぎていく現象はカルマの法則で説明できる

神が忙《せわ》しくなりて、何も（かも）物事が迅《はや》くなるぞよ。（大本神諭）

金神の世になれば物事は迅《はや》いぞよ。（大本神諭）

このように「大本神諭」には、「世の終わりが近づくと時間が速くなる」という内容の神示が随所に出てきます。ですから、時間が速く感じられるということは、終末が近づいている証拠であると考えることができるでしょう。それでは、なぜ時間が速くなっているのかということについて考えてみたいと思います。

最近、私たちの生活のペースがどんどん速くなっているのは、ほとんどの人が気づいていると思います。通信の手段を例にとれば、直接会ってコミュニケーションをはかる時代から、手紙、電報、電話、携帯電話、スマホ、……とどんどん便利になり、高速化してきました。これは生活のその他の分野においても言えることです。その結果、私たちが頭の中で処理しなければならない情報の量は増えていく一方です。

私たちが見ている時計は1日24時間で計時されていますので、1日の長さは変わっていないのですが、同じ時間に起こる出来事が加速度的に増えているため、実際の時間のスピードが速く感じられるようになっているのです。

ピーター・ラッセルは『ホワイトホール・イン・タイム』（地湧社）の中で、この時間の加速化は人類の進化に伴うもので、ある一定のパターンを持っている、と述べています。そのパターンとは、「時間はらせん状に進んでいる」ということです。そのらせんの輪が中止点に近づくにつれてどんどん小さくなるので、時間のスピードが速くなっているのです。

私の周辺でも、「最近、時間の経つのが速くなった」とつぶやく人が多くなっています。そのことがどのような現象を引き起こすのかということですが、私は人間の脳の働きが速くなっているのではないかと見ています。

今、普通の人の脳は本来持っている機能の３％程度しか使われていないそうです。天才といわれる人でも10％に満たないとか。しかも、残りの部分は機能しないように、何者かによって封印されているとも言われます。もし、何かのきっかけでその脳の使える部分が20％〜30％と活性化すれば、人間はとてつもない超能力を発揮するようになることでしょう。

最近で「速読」だとか「速聴」によって脳の活性化をはかるＣＤ等が売り出されていますが、これらも時間のスピードアップと関係があると思われます。人間の脳の封印が解かれ、超能力者がつぎつぎに現れてくる時代を迎えているような気がするのです。このように、時間のスピードアップと人間の進化には深い関係があると思っています。

そして、時間の渦が中心点にさしかかるのが終末の大峠なのでしょう。その時、脳の機能が全開するはずです。人類は今とまったく違った次元、すなわち半霊半物質の世界で生きるようになるのです。

天災が忘れたころにやってくる理由

「恐怖心」「怒り」あるいは「願い」など、私たちの心（無意識）から発信される波動は、異次元（霊的世界）に同じ波動の塊（カルマ）となって蓄積され、やがて同じ通路を通って発信者のところに返ってきます。

蓄積されている善くないカルマの量が多ければ多いほど、返ってくるときのエネルギーが大きいため、この物質世界では天災や戦争といった形で、人々にとっては苦しみを伴う形をとることになります。

カルマが返ってくるタイミングは、この世界から発信する波動のエネルギーが弱くなったとき、すなわち発信者が当初の「恐怖心」や「怒り」「願い」とは違う別のことに関心を移したとき、異次元（霊的世界）に蓄積されたカルマが同じ通路を通ってどっと返ってくることになるのです。

天災は私たちの心（無意識）と連動して起こります。つまり、個人ごとに、あるいは集団で発信した「恐怖心」や「怒り」などがカルマとなって異次元（霊的世界）に蓄積され、そのカルマがある一定量に達したとき、この物質世界に「めぐり」として返ってくる現象が天災なのです。

異次元（霊的世界）にカルマの蓄積がある限り、それはいつの日か必ずこの物質世界に返ってきます。これから時間の渦が中心点に近づくにつれて時間のスピードがますます速くなりますと、この物質世界と異次元（霊的世界）を隔てる次元の壁が薄くなりますので、カルマが返ってくるスピードも速くなり、その結果、地震などの天災が起こる頻度も増えていくことなります。

ここで、「時間のスピードが速くなるとなぜ次元の壁が薄くなるのか」ということについて説明しておきます。

時間のスピードが速く感じられるようになっているのは、1日とか1週間といった同じ時間の間隔の中で私たちの脳が処理しないといけない情報の量が増えているためであると考えられます。簡単に言えば社会のインフラの変化や流行の移り変わりなど「心を動かす出来事が増えている」ことの結果なのです。

私たちは、しないといけないことがたくさんあって忙殺されていたり、あるいは楽しいことに没頭して夢中になっているときなどは、知らないうちに時間が過ぎてしまったように感じます。逆に、特段することがなかったり、興味の持てないこと、したくないことをさせられているときは、なかなか時間が経たないように感じます。

つまり、時間は私たちの脳の働き方次第で、速いと感じたり遅いと感じたりするということです。ですから、1日という決められた枠の中で脳が処理しないといけない情報が多くなればなるほど、時間のスピードが速く感じられるのです。

ということは、時間のスピードが速く感じられる人ほど脳の情報処理能力が発達し、新しい時代への備えができつつあるということが言えるでしょう。逆に、時間のスピードの変化があまり感じられない人は、善くないカルマの処理が先送りされているということになります。そういう人は、終末の大峠においてカルマがまとめて返ってくることになり、脳がオーバーヒートしてしまうかもしれません。それは大変悲惨な結果をもたらすと考えられます。

いま変化しつつある時間のスピードに合わせて、身の回りに起こる出来事に敏感に反応し、きちんと受け止めていくように心がけたいものです。早く覚悟を決めて「善いと思ったことをすぐにやる」という努力を始めることが、善くないカルマを解消していくために最も大切なことなのです。

カルマは人が個人的に、あるいは集団として発信してきた過去の「身・口・意」の蓄積ですから、発信者がその受け取りを拒否することはできません。つまり、私たちや私たちの祖先が作ってきた善くないカルマを清算するために起こる天災は避けることはできないということです。「大本神諭」や「日月神示」が「めぐり（カルマ）の清算」のことを「大掃除」とか「洗濯」と表現しているのはそのためです。

ただし、受け取る側の人間（個人または集団）の意識が変われば、蓄積されたカルマを小分けして受け取ることになり、その場合は一つの大難がいくつかの小難に分割されて返ってくることになります。この場合の「意識が変わる」という内容は、自分の持つ善くない心の癖（最も善くないのは「我善し（利己主義）」の考え方だと神示は教えています）に気づき、それを改めるということです。

さまざまな天災に遭遇する中で、気づきを得て心が浄化され、魂が進化する人（または集団）と、逆にますますこの物質世界での生活に執着し、恐怖心を募らせる人（または集団）とに分かれていきます。

これから多発すると思われる地震や津波などの天災に直面すると、他人のことは目に入らず、とにかく自分だけは生き残ろうと、「我善し」の性質をむき出しにする人が増えていくかもしれません。その結果、そのような人たちの我善しの「身・口・意」がそのまま異次元（霊的世界）に蓄積され、善くないカルマを増やしていくことになるのです。

人（または集団）が「身・口・意」を発信しているあいだは、波動の流れはこの物質世界から異次元（霊的世界）への一方通行となっていますので、カルマがこの物質世界に返ってくることはありません。この物質世界からの「身・口・意」の流れが一段落した段階で、蓄積されたカルマが同じ通路を通って返ってくるのです。

この「こちらからの流れが一段落した」状態が「忘れた状態」ということになります。この物質世界から異次元（霊的世界）へ「身・口・意」の波動を送ることをやめた段階で、つまりすっかりそのことを忘れてしまった段階で、カルマが同じ通路を通って送り主のところに返ってくるということです。地震や火山の噴火などが、身構えているところでなく意外な場所で起こるのはそのためです。こちらから「恐怖心」という波動を送り続けている場所には返ってこないで、人々がまったく予想もしていない場所で地震や火山の噴火が起こることになります。「天災が忘れたころにやってくる」ことには、このような原理が働いているのです。

同じ原理は、私たちが願い事をするときにも働きます。あることを願って必死にお祈りをしても、その願いは簡単には叶えてもらえません。「願い」という波動を異次元に届けるためには、異次元から「願いの成就」という形で結果が返ってくるための通路をつくる必要があります。

その通路をつくるには、「身・口・意」のエネルギーを異次元（霊的世界）に根気よく送り続ける必要があります。しかしながら、こちらからエネルギーを送っている間はその通路は流れが「行き」の一方通行となっていますので、答えは返ってこないのです。

必死に願いごとをした結果「神様に聞き届けてもらった」と確信するか、あるいは「これだけ願ったのだから、結果は神様にお任せしよう（全託）」という心境になって、願った内容はもちろん、願ったことさえも忘れるような心境になったとき、「身・口・意」を送った同じ通路を通って答えが返ってくるのです。この「同じ通路を通って」ということが大事なところです。善くない通路を作れば、善くないものが返ってくるということだからです。「善因善果、悪因悪果」という言葉がこのことを説明しています。その「原因」を作った人のところに、それに見合う「結果」が返ってくるということです。

このことは、「結果を見れば原因がわかる」ということを表しています。天災を「私たちが（過去世において）作ってきたカルマの結果」だと見れば、その原因が私たち自身の中にあり、それを終末において清算する（掃除・洗濯する＝気づき、改める）ことが必要だということです。

カルマは忘れたころに実を結ぶ

「カルマは忘れたころに実を結ぶ」のはなぜかということですが、これについてはコンノケンイチ氏の『般若心経は知っていた』（徳間書店）の中にその答えが述べられていました。

イギリスの著名な神経生理学者W・グレイ・ウォルター博士も、次のように述べている。

「電気的な装置で調べたところでは、人間は意志の力だけで外界の現象に影響を与えることができるが、極めて特殊な精神の集中（表層意識のコントロール）を必要とし、大脳の興奮と弛緩という逆説的な混合状態を必要とする」

ここで注目していただきたいのは「人間は外界の現象に影響を与えることができるが、精神の集中を必要とし、大脳の興奮と弛緩という状態を必要とする」という内容です。

空海のような超能力者は例外として、普通の人は無意識（潜在意識）をコントロールすることはできませんが、それでも誰もが「身・口・意」によって無意識（潜在意識）に影響を与えているのです。つまり、「空（波動）」で満たされた宇宙に向かってボールを投げ続けているということです。

そして、黒いボールを投げれば黒いボール、白いボールを投げれば白いボールが、やがて異次元からこの世界に投げ返されてくる、というのがカルマの法則でした。まさにブーメランのように返ってくるのです。しかも、自分が投げたボールのことを忘れたころに、それは返ってくることになります。

有名なマーフィーの法則も同じことを述べています。マーフィー博士は、人の意識を「顕在意識」と「超意識」に分けて説明していますが、私たちの願望を実現するためには「超意識」にその願望を刻む必要があると述べています。（『マーフィー・成功者がこっそり使っている超意識の力』光輝・著／きこ書房）

注目したいのは、マーフィー博士は「超意識に暗示を刻みこむためには、顕在意識の活動レベルを切り下げて、顕在意識の妨害がない状態にすること」と述べていることです。その理由は、「超意識と顕在意識とは同時に活発な活動を行なうことはできない」からです。そのことを「顕在意識と超意識は競合関係にある」と表現しています。

少し解説をしておきますと、「顕在意識」とは自分で認識できる気持ちや感情、意思などで、「ふだん頭で考えていること」と思っていただいたらよいと思います。それに対して「超意識」とは、自分では認識することのできない潜在意識のことで、ユングのいう無意識、つまり個人的無意識と集合的無意識（人類意識）を包含したものです。

マーフィー博士は、この「超意識」に刻まれた暗示によって私たちの運命が左右されると言っています。ですから、「超意識によい暗示を刻むためにどうすればよいか」ということを教えているのが「マーフィーの法則」なのです。

そして、「超意識」にどのような暗示を刻むかをコントロールするのが「顕在意識」であると述べています。「顕在意識が信じたことだけが超意識に刻まれる」と言っているのです。私たちは日常的にさまざまな情報の嵐にさらされていますが、多くの情報の中から自分が信じるものだけを潜在意識の中に取り込んでいるのです。

そして、ここが大切なポイントなのですが、この「顕在意識」と「超意識」は競合関係にあって、活発な活動を同時に行なうことはできないようにできているというのです。そのことを、「顕在意識が眠っている間に、潜在意識は表面化する」と表現しています。

「顕在意識が眠っている」状態とは、すなわち「忘れている」状態のことです。私たちが自分の願望を思い続けたあと、そのことをすっかり忘れた状態になったときに願望が実現する（潜在意識の中身が表面に現れる）ことになるのです。

「天災は忘れたころにやってくる」のは、人々の潜在意識に刻まれた「恐怖心」が、やがてそのことを忘れてしまったころに表面化するからなのです。「恐怖心」は「願望」とは正反対の内容ですが、心の作用としては同じ意味を持つのです。「願望」も「恐怖心」も、私たちがその実現を信じることによって実現するからです。

たとえば、多くの人が「近いうちに大きな地震が起こるのだろうか」と恐れていますと、その「恐怖心」は、人類の「超意識」に刻まれ、やがてブーメランのようにこの世界に戻ってきて実現することになります。しかも、それが地震という形で実現するタイミングは、多くの人が地震への恐怖心をなくしたとき、すなわち「顕在意識」が働かなくなったときなのです。

海賊の一味（世界支配層）はそのような心のメカニズムを知り尽くしているらしく、彼らの支配下にある各種メディア（テレビ、映画、ゲームなど）を駆使して、人類に恐怖心を植え付けることに力を入れているのです。

さて、先ほど引用した内容と照らし合わせて考えてみましょう。

人間は意志の力だけで外界の現象に影響を与えることができるが、極めて特殊な精神の集中（表層意識のコントロール）を必要とし、大脳の興奮と弛緩という逆説的な混合状態を必要とする。

ここでは「顕在意識」のことを「表層意識」と表現していますが、要するに、外界の現象に影響を与えるためには「顕在意識」をコントロールする必要があり、しかも、「大脳の興奮と弛緩という混合状態」が必要だと述べています。「大脳の興奮状態」とは、私たちが一つのことを強く願い続けている状態、あるいは地震などの発生を気にかけて恐れている状態のことです。そして「大脳の弛緩状態」とは、そのような願望や恐怖心をすっかり忘れてしまって気にとめなくなった状態のことを表しています。

つまり、私たちがボールを投げ続けているときはそのボールは返ってきませんが、投げるのをやめてしまったときに、投げたボールがまとめて返ってくる、ということを言っているのです。

昔の人が「天災は忘れたころにやってくる」と考えたことには、ちゃんとした宇宙の法則の裏づけがあったのです。そして、そのような法則と同じ意味で「カルマは忘れたころに実を結ぶ」という法則が成り立つのです。

しかも、この「顕在意識」と「超意識」をつなぐ働きをしているのが、私たちの「脳」だというわけですから、脳の働きを研究することによって、この世界で起こることがコントロールできると考えるのは自然なことでしょう。

以前話題になった「マトリックス」という映画は、私たちの脳が仮想現実を作り上げているという内容でした。脳は私たちの意識をコントロールするすごい力を持っているということです。

先ほどの譬えで言いますと、私たちは、肉体的には脳の機能を使ってボールを異次元に投げているのです。また、そのボールが投げ返されるときも脳の機能が使われることになります。脳は異次元とこの世界を結ぶ通路となっているからです。ネットとつなぐパソコンやスマホ、タブレットなどと同じ機能を果たしていると言えます。そして、いまパソコンやスマホなどの端末の性能が急速に向上しているのと同じように、脳の性能も日に日に進化・向上しているのです。

これまで私たちの脳は何者かによって封印されていて、全体機能の数パーセントしか使われていないというのが、最近の科学的知見によって明らかにされつつあります。私たちの脳には、もともと五感で認識できる以上の世界を感知する機能が備わっているのに、なぜかその機能が発揮できないように封印されているというのです。

犬などの動物は、視覚や嗅覚においては人間以上の感知能力を持っていることが知られています。犬が何も見えない空間に向かって吠えるのは、異次元の存在を感知しているためと見られているのです。人間でも、赤ちゃんは空間を見て笑ったりしますが、まだ五感が発達していないため、超意識が働きやすい状態にあるのでしょう。大人になるにつれて、この世で必要とされる感覚が発達し、それと引き換えに人間が本来持っている脳の機能が封印されていくものと考えられます。

終末においてはこの脳の封印が解かれることになると見られます。そこに現れる世界が、「神の国」

とも呼ばれる「ミロクの世」ではないかと考えられるのです。

脳の話はまだまだ奥が深いのですが、このくらいで終わりにしたいと思います。

ここでの結論は、「カルマは忘れたころに実を結ぶ」ということでした。しかしながら、時間のスピードがますます速くなっているなかでは、一つの大きなカルマの現象化に目を奪われますと、それまで気になっていたことも忘れてしまいますから、今度はまた次の大きなカルマが現象化してくるということになります。

たとえば、地震の発生を恐れていた人たちが、あるとき株が大暴落したためにそのことに心を奪われて、地震のことなどすっかり忘れてしまったとします。すると、宇宙の法則どおり、恐れていた地震が現象として表面化することになるのです。今の世の中の動きを見ていますと、まさに過去のカルマが次々と形を変えて表面化していますので、多くの人は新しいカルマの表出に翻弄されて、常に関心や恐怖心の対象を入れ替えている状態にあると思われます。カルマはますます表面化しやすくなっているのです。

世の中の隠された秘密は次々と暴露され、また治安や風俗の乱れも更に進みます。人類全体の過去のカルマの表出によって悲惨な事件も相次ぎ、人の意識はますます二極分化を遂げていくことになるでしょう。私たちは今こそ、そのような世の中の動きに翻弄されず、しっかりとした信念を持って、日頃から身魂磨きを心がけたいものです。

善くないものは、見ざる、聞かざる、言わざる

次に「疑似体験とカルマの関係」について考えてみたいと思います。ここで言う「疑似体験」とは、テレビや映画、あるいはゲームなどを楽しんでいる人が、その登場人物に感情を移入することによって、あたかも自分が実際にその登場人物になったかのように錯覚し、物語の中に没入してしまう状態のことを指しています。

私たちの潜在意識は、疑似体験と実際の体験の違いを判別できないと言われていますので、「どんなテレビ番組や映画を見ているか」「どんな読み物を読んでいるか」「どんなゲームをしているか」によって、私たちの心（奥の心＝潜在意識）が影響を受け、善くないカルマを作り出している可能性が高いのです。私はこれこそ終末の時代において最も警戒しないといけないテーマだと思っています。

善くないカルマを作り出す「悪い種」とは、「悪い振る舞い（身）、悪い言葉（口）、悪い想い（意）」であると述べてきました。悪いことを見ても、聞いても、言っても、それはすべて私たちの心に影響を及ぼすのです。「見ざる、聞かざる、言わざる」という言葉がありますが、他の人の悪口を聞かされたり、人を不幸にするような行為を目撃したりすることによっても、私たちの心は影響を受けてしまいます。まして、同じ内容を何度も見たり聞いたりすれば、そこに共鳴の法則が働いて、いつしか私たちの潜在意識に善くないカルマが蓄積していくのです。

最近のテレビ番組やゲームなどで、人や生き物を簡単に殺してしまう内容を頻繁に見せられている子供たちは、人が本来持っている〝命を大切にする気持ち〟がだんだん薄らいでいくことになると思われます。大人でも、同じような内容のテレビ番組を受動的に見ていると、いつしか潜在意識に善くないカルマが蓄積されていくおそれがあります。

特に、人が殺されるサスペンスドラマなどを見て感動したり、ショックを受けたり、夢中になったり、といった一種の放心状態のときは、私たちの顕在意識は休止状態にありますので、テレビの映像がストレートに潜在意識の中に取り込まれていきます。

ですから、そのような善くないカルマにつながる番組を「見ざる、聞かざる、言わざる」が最も賢明でしょう。潜在意識は「これはフィクションだ」とか「自分とは関係ないドラマの世界のできごとだ」という判別はできないのです。映像も言葉もすべて受け入れ、潜在意識の中に蓄積されることになります。そして、いつの日か、その番組の内容に近い出来事をあなたの周りに引き寄せてくるのです。

ここで参考までに、このテーマに関して書かれた書籍の一節を紹介します。出典は『人生を豊かにする法則』（フローレンス・S・シン／牧野・M・美枝訳／PHP）です。

「人は、自分が蒔いたものを、また刈り取ることになる」この言葉の意味は、自分の発した言葉や行ないが、そのまま自分に返って来るということです。つまり、自分が与えたものを受け取るのです。

もし憎しみを与えるなら、その人は憎しみを受け取るでしょう。愛を与えるなら、愛を受け取るでしょう。批判をするなら批判されることになり、うそをつけばうそをつかれることになります。人を騙せば騙されることになるのです。

さらに人生というゲームにおいては、イメージする力が主要な役割を果たすことを教えられます。心の中でイメージすることは、遅かれ早かれ、その人の人生の外的側面にあらわれて来るということです。

この想像力を首尾良く訓練するためには、マインドの働きというものを知らなければなりません。マインドには、三つあります。それは潜在意識、顕在意識、そして超意識です。

潜在意識とは、方向性を持たない単なる力で、蒸気とか電気のように、指し示されたことのみを行ない、自ら何かを誘導する力はありません。人が深く感じたこと、あるいははっきりと思い浮かべたことは何でも潜在意識に刻みこまれ、詳細に現実化されます。

顕在意識のマインドは、この世のマインド、あるいは現世のマインドと呼ばれています。それは人間のマインドで、人生というものを目に映ったとおりのものだと思います。死、災害、病気、貧困をはじめとするあらゆる類の現象を見て、それらを潜在意識に刻みこみます。

超意識のマインドは、一人ひとりの内にある神のマインドで、完璧な考えの領域です。そこにはプラトンが語った「完璧なひな型（イデア）」、つまり「神の計画」があります。というのも、みな一人ひとりに「神の計画」があるからです。

イエス・キリストは、「人の語る言葉が人生のゲームにおいて主要な役割を果たしている」と教えました。「あなたは、自分の言葉によって正しいとされ、また自分の言葉によって罪ありとされる」と。

多くの人々は、自分の言った何気ない言葉で、人生に災難を作り出しています。誰の進む道にも、真の豊かさは用意されています。でもそれは、「望むこと」、「信じる心」、あるいは「声に出して語られた言葉」によってのみ、実際にもたらされるのです。

人と、その人の持つ最も高い理想や心からの望みとの間に立ちはだかるものは、「疑い」と「恐れ」以外にありません。「心配せずに望む」ことができるなら、どのような望みも瞬時に叶えられることでしょう。

欠乏、失敗、病、失うことといった様々な「恐れ」、漠然と感じる不安感などの「恐れ」は、人間の唯一の敵なのです。

「恐れ」は信じる心の裏返しに過ぎないからです。つまり、善いことを信じる代わりに、悪いことを信じているからです。

人生というゲームの目標は、善を明確に見て、心の中に思い描かれる悪しきものをすべて消し去ることにあります。これを実行するには、善に気づき、それを潜在意識に刻みこまなければなりません。

潜在意識というのは人間の忠実な僕であり、それに正しい命令をくだすよう、注意しなくてはなりません。潜在意識はその人の傍らで、いつも静かに耳を傾けているのです。

どの思考も、どの言葉も、すべて潜在意識に刻み込まれ、それらが驚くほど詳細にわたって実現していきます。それはまるで、歌手が音に敏感なレコード盤に歌声を録音しているようなものです。歌い手の声のどの音も、どんな抑揚も、すべて刻み込まれます。ですから、これまで潜在意識に録音されてきた「良くないもの」をすべて壊してしまいましょう。保存しておきたくない人生のレコードを壊し、新しく美しいものを作るのです。

人は絶えず、自分の行動の動機が「恐れ」なのか、「信ずる心」なのかを見極めなくてはなりません。「恐れ」であろうと「信ずる心」であろうと、「仕えたいと思う者を、今日、自分で選びなさい（新約聖書）」

テレビが善くないカルマを大量生産している

潜在意識にストレートに刻み込まれていく疑似体験の中で最も警戒すべきはテレビです。それがドラマであれ、ニュースであれ、ドキュメンタリーであれ、いずれもリアルな映像によって、私たちの五感のうち最も潜在意識に刷り込む力が大きい「視覚」に訴えるものだからです。

たとえばテレビのドラマでは、大半の視聴者は自ら主人公になりきって、その主人公の人生を疑似体験することになります。たとえハッピーエンドのドラマであっても、ドラマを盛り上げるため途中の段階では悲惨で残酷なシーンが展開される場合が多いはずです。

テレビ番組はスポンサーを獲得するために高い視聴率が求められますので、視聴者の興味をひかなくてはなりません。そこで、ドラマのストーリーは喜怒哀楽の部分が強調されます。つまり、事件がなければ絵にならないのです。中でもサスペンス的なドラマの場合、殺人事件や悲惨な事故などの残酷な場面が必ず登場し、見る人の心に恐怖心を植えつけたり、怒りや悲しみの気持ちを起こさせたりと、巧妙にストーリーが作られます。

また、ドラマ以外でも、最近は異常な犯罪が多発し、見る人の心を曇らせる報道が毎日のようにニュースとして流されています。恐怖心や怒り、憤り、不満、不安など、好ましくない心の状態にさせる出来事の報道が定番となっているのです。まさに、これこそが多くの視聴者の心に少しずつ猛毒を落とし込んでいく「テレビの力」だと言えそうです。

何よりも問題なのは、その同じ残酷なドラマやニュース、悲惨なドキュメンタリー番組を、全国で何百万人、何千万人もの人が同時に見ているということです。たくさんの人が同じ番組を見ることによって、一斉に恐怖や憤りの感情を共有化するわけですから、その時に作られる心のエネルギーは膨大なものになっていると思われます。それが人々の集合意識として異次元に蓄積され、成長していくのです。

いわば、何百万、何千万の人が同時に同じ色のカルマ・ボールを投げている状態です。それが異次元で大きなエネルギーの塊となり、やがてこの世界にまとめて返ってくるとき、いったいどういう姿をとるでしょうか。たぶん、番組の内容と同種の社会的事件をこの世界に現出させるとともに、場合によっては地震、大雨、大雪、台風などの自然災害となって、そのような善くないカルマ作りに貢献した人たちの身に不幸な出来事として降りかかってくることになります。

哀しみの波長は、多くの人を哀しみに陥れる悲惨な事件として現象化します。怒りのエネルギーは、次々と怒りを伴うような出来事を生み出すでしょう。とにかく、私たちが投げた「思い」のボールと同じ波長のボールが返ってくるのです。

海賊の一味（世界支配層）はそういう心のメカニズムを知り尽くした上で、テレビや映画のような視覚に訴えるメディアに、悲惨で残酷な内容の作品を次々と登場させているのです。

もちろん、これは現代になって初めて見られるようになった現象ではありません。テレビのなかった時代でも、小説や演劇などが多くの人の疑似体験を作りだし、潜在意識に一定の影響を与えていたと思われます。ただ、たとえば小説の場合は、読者のイメージする内容が画一的でないため、映像媒体に比べると集合意識を形成するスピードが遅いと思われます。演劇や芝居の場合は、テレビに比べると視聴者の数が限られ、集合意識を形成する疑似体験効果は弱いのです。善悪のいずれであれ、今日のテレビの持つカルマ製造能力にはとても及びません。

それでも、「小説が読者の生活に及ぼす影響力は無視できないものがある」という霊界通信があります。有名な「シャーロック・ホームズ」の作者として知られるコナン・ドイルが、自分が書いた小説が他の人に与えた影響について、霊界から次のようなメッセージを送ってきています。

以下の文章は『コナン・ドイル・人類へのスーパーメッセージ』（アイヴァン・クック著／大内博・

訳／講談社）からの引用です。

こちらの世界（霊界）に来て以来、自分が地上の生活で創作したものから深い影響を与えられていることを私は体験しています。というのは、地上にいたとき、私は陰鬱な登場人物や場面などを言葉で創造し、表現したりすることがよくありました。非常に生き生きとした想像力をもっていたものです。喜びに満ちた情景、暖かい家庭のありさま、美しい風景なども数多く描きましたが、私のペンは残酷で、醜悪な犯罪の場面なども描写しました。

このような描写をすることにより、あるべき姿とは対照的な性質によって、一種の教訓を与えられるということを認めるとしても、醜いものや恐ろしいものは人の心に長く残りがちであり、暴力的で不健康な波動が人を満たすことになります。よかれあしかれ私の影響を受けた数多くの男女の人生を、いま、私はじっと見ているのです。

いつの日かすべての人が、自分自身が作り出したものがどんな効果を生み出したか、美しいものか、それともその正反対であるかを、自分の目で見るという喜びないしは恐怖を体験することでしょう。創造したものが架空の人物であれ、その人の行動によって生まれた実際の生活の状況であれ、他の人々の生活に相当な影響を与えるものなのです。

コナン・ドイルは、自分が小説の中で残酷で醜悪な犯罪の場面などを描写したことにより、醜いものや恐ろしいものが読者の心に長く残って、人生にマイナスの影響を受けた人がいる、と述べています。

現代におけるテレビは、コナン・ドイルの時代の小説とは比較にならないほど大きな影響力を持っています。まさに「カルマの大量生産」が可能なメディアと言ってよいでしょう。

もちろん、テレビにも功罪両面があり、今日のテレビ番組の内容を吟味してみますと、まだ進化の準備が終わっていない私たちの脳の扉を強引に押し開け、潜在意識に蓄積されている膨大なカルマを一斉に放出させようとしているようにも見受けられます。そして、人類の集合的無意識の中に蓄積された「恐怖心」のエネルギーに点火しようとしているように思えるのです。

先ほどの引用文の中で、コナン・ドイルは「人間の思いそのものが自分の創造物になるということであり、思いがその人にとっての光の天使や暗黒の天使になるということです」と述べていました。私たちがテレビを見ているときに心に抱く思いが、私たちに幸運を運ぶ光の天使にもなれば、不幸や災厄へと導く暗黒の天使にもなるということです。しかも、テレビの場合、その同じ思いを非常にたくさんの人が共有化しているわけですから、その影響力は大変大きなものがあると思われます。

その影響は、たとえば最近のマスコミをにぎわしている残酷で異常な犯罪の数々や、場合によっては近隣諸国との軋轢《あつれき》、地震や台風などの災害に見舞われるといった形でこの世界に現れ、そのことによってまた多くの人が心を曇らせるという負のスパイラルに入っていくことになります。

そして、その蓄積された集団的な善くないカルマの影響を最も強く受けるのは、やはりそのカルマの生産に直接関わった人たちということになります。つまり、テレビの低俗番組や殺人事件などの残酷な番組を愛好している人ということです。そういう人は、テレビから流れてくる粗い波動を潜在意識の中に取り込み、善くないカルマとして蓄積していることになるからです。

そこで、私が申しあげたいのは、「見ざる、聞かざる、言わざる」ということなのです。「見ざる」とは、悲惨で残酷な情景は見ないにこしたことはないということです。少なくとも、人を平気で殺すシーンが強調されているようなドラマは、見ないほうがよいでしょう。もう少し平たく言えば、「その番組を見て、強い怒りを覚えたり、恐怖心に駆られるような番組は見ないほうがよい」ということです。

しかしながら、これが恐いところなのですが、人には「恐いもの見たさ」という習癖があって、恐いと思って手で目を覆いながらも、その指の隙間から覗いてしまうという弱さがあります。これは、すでに潜在意識にかなりの量の「恐怖心のカルマ」が蓄積され、その波動が「類は友を呼ぶ」という波長の法則によって、心の奥でそのような恐怖のシーンを期待するためです。このような負のスパイラルに陥るとなかなか大変です。

さきほどのコナン・ドイルの引用をもう一度読み返してみてください。

いつの日かすべての人が、自分自身が作り出したものがどんな効果を生み出したか、美しいもの

か、それともその正反対であるかを、自分の目で見るという喜びないしは恐怖を体験することでしょう。創造したものが架空の人物であれ、その人の行動によって生まれた実際の生活の状況であれ、他の人々の生活に相当な影響を与えるものなのです。

「創造したものが架空の人物であっても、他の人々の生活に相当な影響を与える」と述べています。ドラマの原作者やテレビ番組の制作者はもちろん、そのスポンサーとなった企業の関係者も、同じカルマを背負うことになるはずです。それらの関係者はマイナス情報の発信者（加害者）として、いつの日かその番組の影響を自分の目で見るという喜び、あるいは恐怖を体験するということになります。「投げたボールが返ってくる」というカルマの法則からしますと、「大衆を恐怖に陥れたことの見返りは、そのまま恐怖の出来事として自分に降りかかる」ことになるからです。

受信者の立場である私たち視聴者は、ぼんやりと受け身的にそのような波動の粗い番組を見てしまうことのないように注意しなければなりません。

第五章

神示編

大本神諭、日月神示には
世界支配層の日本乗っ取り計画が予告されていた。

最近ではよく知られるようになった「日月神示」ですが、この「日月神示」とまったく同じような内容の「大本神諭」は、「日月神示」に先駆けて明治から大正にかけて、のちに大本教の開祖となる出口ナオに降ろされた神示です。どちらも「艮《うしとら》の金神《こんじん》」からの神示とされています。確かに、二つの神示を読み比べてみますと、内容はよく似ています。文言までほとんど同じ神示もあります。

私はこの二つの神示こそ、この終末の時代に、日本に住む人々がどのような心構えで生きていかなければならないかということを正しく伝えてくれている貴重な神示だと考えています。

両神示が伝えている神示のエッセンスは「終末の大峠までに身魂を磨いて、神が憑かることのできる人間になっておきなさい」というものです。そして、特に「日月神示」には、具体的な身魂磨きの要諦が述べられているのが特徴です。


両神示の詳しいプロフィールについては、ぜひネットで検索してお確かめください。

出典は『ひふみ神示（上巻・下巻）』（岡本天明・筆／コスモ・テン・パブリケーション／平成5年刊）と『大本神諭（天の巻・火の巻）』（出口ナオ／村上重良・校注／平凡社）です。

「ひふみ神示」は今日では「日月神示」という呼び方が主流となっていますので、文中の神示名を「日月神示」と表記しました。

また、両神示とも、私の一存で現代仮名遣いに変えていますのでご了承ください。

何もかも一度に破裂いたす時節が来た

『大本神諭・天の巻』（平凡社）の中に、「世の終わりのシナリオ」を説明した次のような一文があります。

何もかも一度に破裂いたす時節が近寄りて来たから、何時までも我を張り欲に迷うて、利己主義《われよし》のやり方ばかりいたしておる守護神よ、人民よ、ここまでに神が気を付けてやりておるのを、何時も啼く烏のように思うて油断をいたしておると、思いがけないことが出来《しゅったい》いたして、ビックリ虫が出るぞよ。

「何もかも一度に破裂いたす時節が近寄りて来た」ということの意味は、「人の潜在意識や人類の集合意識の中にあるカルマを一気に清算（大掃除）しなくてはならない時がきた」ということでしょう。それが現世的に見ると「一度に破裂する」という姿に見えるということです。善いことも悪いことも、一度に現れてくることになります。

昨今の地球規模の気象異変や、国内においても異常な犯罪などが多発している社会現象を見ていますと、すでにカルマの現象化が加速されつつあるのを感じます。個人のカルマはもちろん、国家や民族、あるいは人類全体で生み出してきたカルマの清算は、これからますます激しいものになり、最後は「一度に破裂」する形で「カルマの大掃除」が完了するのでしょう。

そして、「(地震や台風などの自然現象は) 昔からあることだとばかりに高をくっていると、思いがけないことが起こるぞ」と警告しています。一刻も早く本気で身魂磨きに取り組まなければ魂が救われないということです。

また、この神示は「人民」だけに訴えているのでなく、その人民の守護神様に対して警告を発しているところに特徴があります。低級霊によるイタズラ半分の霊言とちがって、まさに神様のレベルに近い高級神霊からの霊言であることがわかります。

「大本神諭」の中には、世界支配層の頂点にいる霊的存在（悪神）が世界のひな型である日本を我が物にし、世界中を支配下に置こうと狙っていることや、日本人が改心（身魂磨き）をしないと「アフンとして四つん這いになって苦しむような出来事」が避けられなくなること、日本人は飢餓を経験せざるを得ないこと――などがリアルに表現されています。

神示の結論部分では、「日本には特別の経綸《しぐみ》がしてあるから、（身魂さえ磨けておれば）外国がどんなことをしてきても心配はいらん」と述べられています。これは「日月神示」と大変よく似た表現です。このことからも、明治から大正にかけて降ろされた「大本神諭」と、昭和になって降ろされた「日月神示」は、同じ神さま（艮の金神）から降ろされた神示であることが判ります。

このままでは日本の国が盗られるぞ

この世をこのままにしておいたなれば、日本は外国に取られてしもうて、世界は泥海になるから、末法の世を縮めて松の世にいたして、日本神国の行状《おこない》を世界の手本に出して、外国人を従わせて、万古末代動かぬ神の世で、三千世界の陸地《おっち》の上を守護いたして、神、仏事、人民を安心させてやるぞよ。そこへなるまでに、世界にはもひとつ世の立て替えの大峠があるから、一日も早く改心いたして、神にすがりて誠の行ないに替えておらんと、今までのような、我さえ善ければ人は転けようが倒れようが見向きもいたさん精神《こころ》でありたら、神の戒め厳しきから、到底この大峠を越すことはできんぞよ。（大本神諭）

神の国は結構な国で世界の真ん中の国であるから、悪の神が日本を盗りて末代の住家とする計画でトコトンの智恵出してどんなことしても盗るつもりで、いよいよを始めているのざから、よほど褌《ふんどし》締めてくだされよ。（日月神示）

ここでの「神の国」とは日本のことです。霊界では、神の国・日本を悪の神が狙っているのがわかっているのです。ですから、肉体を持ってこの世に生きている日本人が神様と一体となって、この神の国・日本を守らなくてはいけないのです。

出口ナオが亡くなったあと大本教の教主となった出口王仁三郎は超能力者だったことで知られていますが、その王仁三郎も、日露戦争が始まる1年前の明治36年に、「いろは歌」という予言詩を発表し、そのなかで、「露国ばかりかアメリカまでが、末に日本を奪う企画《たくらみ》」と警告しています。アメリカ（を裏から支配する層）はこの時点から「日本沈没（略奪）」計画を温めていたことがわかります。

外国の悪神が神の国欲しくてならんのざ。神の国より広い肥えた国いくらでもあるのに、神の国が欲しいのは、誠の元の国、根の国、物のなる国、元の気の元の国、力の元の国、光の国、真中の国であるからぞ。（日月神示）

神の国千切りと申してあるが、喩えではないぞ。（日月神示）

人工地震・津波テロ等によって首都を破壊し、国家機能を喪失させたあと、各国が国連の決定という手を使って、日本列島をいくつかに分割して自分の国にしてしまうということでしょう。

神の国を八つに切って殺す計画、神の国にも外国の臣がおり、外国にも神の子がいる。岩戸が明けたら一度にわかる。（日月神示）

日本にも明治維新以降は世界支配層の息のかかった人間が巣くっています。フリーメーソンに入会手続きを済ませている人間と、その者の傘下に入って動き回っている人間がいるようです。八つという具体的な数字が出ているところに現実味があります。

富士は神の山ざ。いつ火を噴くか分からんぞ。神は噴かんつもりでも、いよいよとなれば噴かなならんことがあるから。（日月神示）

富士山が噴火すれば、溶岩流によって日本が東西に分割される可能性は高くなります。

天も地も一つにまぜし大嵐、攻め来る敵は駿河灘、富士を境に真っ二つ。まず切り取りて残るもの、七つに裂かん仕組みなり。されど日本は神の国。最後の仕組神力に、寄せ来る敵は魂まで、一人残らずのうにする。夜明けの御用つとめかし。晴れたる富士のすがすがし。（日月神示）

まず富士山を境にして真っ二つに分け、その一つを七つに分ければ合計八つになり、前の神示の数字と一致します。なんともリアルです。日本列島の分け方までが霊界からは見えているのでしょうか。それでも最後は日本は神の力で守られるということですが。

国家消滅後の日本はどうなるのか？

海賊の一味（世界支配層）が仕掛ける次の人工地震・津波テロによって日本の国が乗っ取られたあとどうなるのかという神示を見ていきます。まずは最大のターゲットにされている首都・東京のことです。

いずくも土にかえると申してあろうが。東京も元の土に一時はかえるから、そのつもりでいてくれよ。神の申したこと違わんぞ。東京は元の土にかえるぞ。そのつもりで用意してくれよ。（日月神示）

江戸が元のすすき原になる日近づいたぞ。江戸には人民住めんような時が一度は来るのぞ。（日月神示）

「土にかえる（返る）」ということは、現在の建物や構造物が壊れてしまうことを意味しています。地震とその後の火災で、東京は戦後と同じような焼け野原になるのでしょうか。世界164カ国で放映されているといわれるナショナル・ジオグラフィック・チャンネルが、今年の3月11日に「忍び寄る超巨大地震の恐怖」というタイトルのドキュメンタリー番組を放送していました。超巨大地震が忍び寄っているのは日本の東京のことで、それによりますと、富士山が噴火して溶岩流が太平洋に流れ込み、東京には火山灰が数メートルも積もって都市機能が麻痺することになっていました。世界支配層が期待している（計画している）首都崩壊の姿なのでしょうか。彼らはそのことの実現に向けて、早くから富士山麓でいろいろと細工をしているものと思われます。

江戸と申すのは東京ばかりではないぞ。今のような都会みなエドであるぞ。江戸はどうしても火の海ぞ。それより外やり方ないと神々様申しておられるぞよ。秋ふけて草木枯れても根は残るなれど、臣民枯れて根の残らぬようなことになりても知らんぞよ。（日月神示）

大都会のことを「エド（穢土）」と表現しています。都市には人間の欲望や怒りなど独特の善くないカルマが渦巻いています。その街のカルマが一掃される形はやはり火災なのでしょうか。「臣民枯れて根の残らぬ」という表現は、都会の人が死に絶えてしまうことを意味しています。大阪は地盤が沈下して水没するという情報もあります。どうやら世界支配層は日本の二大都市を粉砕するつもりらしく、アメリカが次の人工地震・津波テロの死者数を２０００万人と見積もっているのはそのためかと思われます。

外国から攻めてきて日本の国丸つぶれというところで、元の神の神力出して世を建てるから。臣民の心も同じぞ。江戸も昔のようになるぞ。（日月神示）

日本に攻めて来る外国といえば、日本を敵視し続けている中国が思い浮かびます。しかしながら、その中国をけしかけているのはアメリカ（を裏で支配する層）なのです。米中は裏で結託して日本沈没を企んでいることを忘れてはいけません。

お宮も土足にされる時がくる。お陰落とさんように気付けよ。（日月神示）

人の上の人、みな臭い飯食うことできるから、今から知らしておくから気をつけてくれよ。お宮も一時はなくなるようになるから、その時は磨けた人が神のお宮ぞ。早う身魂磨いておけよ。お宮まで外国のアクに壊されるようになるぞ。（日月神示）

直接日本のお宮（神社仏閣）を壊しにくる外国は中国しかありません。彼らはかつてチベットで6000もの寺院を破壊し、僧侶たちを拷問にかけて殺した実績を持っています。『レイプ・オブ・チベット（中国的民族浄化作戦）』（西田蔵之助・著／晋遊舎）を読みますと、中国が他民族を浄化する（レイプする）手口がよくわかります。

偉い人いよいよとんでもないことになるぞ。捕らわれるぞ。痛い目にあわされるぞ。今に目ざめるなれど、その時では遅い遅い。おかみも一時はなくなるのざ。一人ひとりで何でもできるようになりておいてくれと申してあること近うなりたぞ。（日月神示）

今度捕らえられる人民たくさんあるが、今度こそはひどいのざぞ。牢獄で自殺する者もできてくるぞ。女、子供の辛いことになるぞ。（日月神示）

現在、中国を批判している愛国的日本人（政治家を含む著名人）の名前は、世界支配層の手先となっている反日日本人によってリストアップされていると思われます。日本沈没後、日本が中国の支配下に置かれると、その人たちは捕縛され、強制的に刑務所に送られるでしょう。そこで自殺する人も出るほどの拷問を受けると述べられています。その他、普通の人でも抵抗する男性はすべて刑務所に送られ、残された女性や子供たちが乱暴されることになるようです。

日本の臣民同士食い合いするぞ。かなわんと言うて外国へ逃げて行く者もでるぞ。（日月神示）

日本人同士が争う局面も生まれるのでしょうか。日本を崩壊に導いた反日日本人に対する攻撃などが考えられます。すでに、国の官僚ＯＢの中には、家族と共に外国に移住している人がたくさんいると聞きます。彼らは特別のルートから日本沈没を知らされているのかもしれません。

世界の人民よ、一日も早く改心なされよ

日本沈没の日が間近に迫っている中で、私たち日本人が真の意味で助かる方法は身魂磨きしかありません。もちろん、身魂磨きは終末の時代に生き残るための手段ではなく、もともと人がこの世に生まれた目的そのものが「魂の進化」であり、そのために身魂磨きが必要となっているのです。それを促しているのがカルマの法則であることを説明してきました。

しかし、たとえば小学生の学力がどの程度まで向上したかを個別に知るには試験が必要であるのと同じように、人がどれだけ魂を磨いているかをはかる試験が必要なのです。試験がないと本気で勉強しない人が多いからです。終末とは、現人類が進化の次のステップに進めるかどうかを試す卒業試験とも言えます。これまでに学んできたことを再点検し、不足があれば勉強をし直す最後のチャンスなのです。

問題なのは、今回卒業できなかった人は、未来永劫落第生としての生き方が固定される、と神示に述べられていることです。誰もが無条件に卒業できるわけではないのです。これまで、何度も生まれ変わりながら勉強をしてきたことが、いま試されつつあるということです。落第した人（魂）

は、地獄的世界に釘付けにされるか、場合によっては動物や植物に化身して生きることになるのかもしれません。ですから両神示は身魂磨きの必要性を繰り返し訴えているのです。

次に、「大本神諭」と「日月神示」の中のまったく同じ内容の神示を並べてみました。これこそ艮の金神様が伝えている「身魂磨き」のエッセンスと言ってよいでしょう。

改心と申すのは、何事によらず人間心を捨ててしもうて、知恵や学をたよりにいたさず、神の申すことを一つも疑わずに、生まれ赤児のようになりて、神の教えを守ることであるぞよ。霊魂《みたま》を研《みが》くと申すのは、天から授けてもろうた大本の霊魂の命令に従うて、肉体の心を捨ててしもうて、本心に立ち返りて、神の申すことを何一つ背かんようにいたすのであるぞよ。学や知恵や仏を力にいたすうちは、誠の霊魂は研《みが》けておらんぞよ。（大本神諭）

次は「日月神示」です。文言も含めて「うり二つ」の内容です。

洗濯と申すのは、何事によらず人間心を捨ててしもうて、智恵や学に頼らずに、神の申すこと一つも疑わず生まれ赤子の心のうぶ心になりて、神の教え守ることぞ。身魂磨きと申すのは、神から授かっている身魂の命令に従うて、肉体心捨ててしもうて、神の申すこ

とに背かんようにすることぞ。学や智恵を力と頼むうちは身魂は磨けんのざ。（日月神示）

いずれも「改心（洗濯）」の内容の説明です。「知恵や学をたよりにせず、生まれたままの赤ちゃんのような心で、神の教えを守りなさい」と述べられています。「人間心」「肉体の心」というのは、「人間の煩悩」すなわち欲望全般をさしている言葉です。

「仏」というのは仏教のことです。いわゆる「仏様に救済をお願いする」という他力本願的な考えを戒めているものと考えられます。やはり、自ら身魂磨きの努力をしなければいけないという意味に解釈すべきでしょう。「人事を尽くして天命を待つ」という姿勢が大切だということです。

さて、この神示の中でも二度にわたって出てきますが、「大本神諭」の中で常に警告の対象となっている「知恵や学」は、今日の科学や医学など西洋から伝わってきた学問のことを指しています。明治維新以降、西洋から入ってきた学問は確かに世界文明の発展に貢献したようにも見えますが、その行き着くところは今日の地球環境破壊でした。人類の物質欲のカルマが蓄積されつづけ、地球自身が悲鳴を上げるところまできています。

日に日に厳しくなりて来ると申してありたこと始まっているのであるぞ。まだまだ激しくなって、どうしたらよいか判らなくなり、あっちへうろうろ、こっちへうろうろ、頼る処も着るものも住む家も食う物もなくなる世が迫って来るのだぞ。それぞれにメグリだけの事はせなならんのであるぞ。早い改心はその日から持ちきれないほどの神徳与えて、嬉し嬉しにしてやるぞ。（日月神示）

メグリというのは自分のしたことが自分にめぐって来ることであるぞ。メグリは自分でつくるのであるぞ。他を恨んではならん。（日月神示）

祓《はら》いせよと申してあることは何もかも借銭なしにする事ぞ。借銭なしとはメグリなくすことぞ。昔からの借銭は誰にもあるのざぞ。それ払ってしまうまでは、誰によらず苦しむのぞ。人ばかりでないぞ。家ばかりでないぞ。国には国の借銭あるぞ。世界中の借銭済ましは何にしても大望であるぞ。今度の世界中の戦は世界の借銭済ましぞ。（日月神示）

損もよいぞ。病気もよいぞ。怪我もよいぞ。それによってメグリ取っていただくのぞ。メグリなくなれば日本晴れぞ。今がその借銭済ましぞ。世界のメグリ大きいぞ。（日月神示）

その人民にメグリなくてもメグリもらうことあるぞ。人類のメグリは人類の誰かが負わねばならん。一家のメグリは一家の誰かが負わねばならん。果たさねばならん。善人が苦

しむ一つの原因であるぞ。神の大きな恵みであり、試練であるぞ。（日月神示）
この道に入ると、損をしたり、病気になったり、怪我をすることがよくあるなれど、それは大難を小難にし、またメグリが一時に出てきて、その借銭済ましをさせられているのじゃ。借りたものは返さねばならん道理じゃ。損もよい、病気もよいぞと申してあろうが。（日月神示）

ここに出てくる「メグリ」は、カルマの中でも「善くないカルマ」のことです。潜在意識の中にため込まれた私たちのメグリは、終末までにすべて消化して、借銭なしにしなくてはならないということです。消化するということは、いろんなことで損をしたり、病気になったり、事故などで怪我をしたり、人間関係で苦労したりすることですが、残っているメグリが大きい場合は、大きな自然災害に巻き込まれるという恐怖を味わうことも避けられないでしょう。

また、消化しないといけないのは個人のメグリばかりでなく、家や国、さらには世界や人類全体のメグリも含まれるのです。人類の借銭済ましのために、世界中の戦（第三次世界大戦）も必要になるのでしょう。

メグリが出てくるのは借銭済ましのためですから、まもなく日本を襲うと思われる人工地震・津波テロも、日本人の持つメグリを消化するためだと前向きに受け止めることが大切です。

先祖は肉体人を土台として修行するぞ。メグリだけの業をせねばならん。（日月神示）

肉体を失って霊界にいるご先祖様は、子孫である私たちが代わりに荷物を背負うことによってメグリの消化ができるのです。終末の大峠が近づいていますので、今から生まれ変わって赤ちゃんから修行をし直すには時間が足りません。そこで、自分が蒔いた種を子孫が代わりに刈り取ってくれることを期待して、霊界から固唾をのんで見守っているのです。そういう意味では、肉体を持って終末を迎える私たちは、その霊系統の代表選手というわけですから、大変責任が重いのです。

マコトでもって洗濯すれば霊化される。半霊半物質の世界に移行するのであるから、半霊半物質の肉体とならねばならん。今のやり方ではどうにもならなくなるぞ。今の世は灰にするより他に方法のない所が沢山あるぞ。灰になる肉体であってはならん。原爆も水爆もビクともしない肉体となれるのであるぞ。今の物質でつくった何物にも影響されない新しき生命が生まれつつあるぞ。岩戸ひらきとはこのことであるぞ。少しくらいは人民つらいであろうなれど、勇んでやりてくだされよ。（日月神示）

新しき人民の住むところ、霊界と現界の両面をもつところ。（日月神示）

地上界に山や川があるから霊界に山や川があるのでない。霊界の山川がマコトぞ。地上はそのマコトの写しであり、コトであるぞ。マが霊界じゃ。地上人は、半分は霊界で思想し、霊人は地上界を足場としている。互いに入れ替わって交わっているのぞ。このこと判れば来るべき世界が半霊半物、四次元の高度の、影ないうれしうれしの世であるから、人民も浄化行せねばならん。大元の道にかえり、歩まねばならん。今までのような物質でない物質の世となるのであるぞ。(日月神示)

神示では、終末のあとに訪れる「ミロクの世」は半霊半物質の世界だと述べられています。霊界的性質を持つため、心で思ったことがすぐに形になる世界です。人を憎んだり、攻撃したりといった善くない心の使い方をする人(霊)は行けない世界です。だから神様は、身魂磨きをしっかりして正しい心の使い方をマスターしなさい、と教えておられます。半霊半物質の体になれば、この世の物質には影響を受けなくなりますので、原爆などの被害に遭ってもビクともしないのです。

身魂が磨けたら神が憑依して助けるぞ

「神憑かり」という言葉があります。今でも霊媒やチャネラーには高位次元の存在が憑かって、人間の肉体を借りて霊界通信を書かせたりしています。いわゆる自動書記現象です。昭和19年6月10

日、岡本天明に神が憑かって、漢数字を中心とした文字を強制的に書かせるようになり、その現象が16年間も続いて生まれたのが「日月神示」です。当初は、岡本天明本人が読んでも、何が書かれているかまったくわからなかったといいます。後になって、数霊学を研究していた武智時三郎を中心とした関係者が解読に成功し、日の目を見ることになりました。

このたびの岩戸開きは人民使うて人民助けるなり。人民は神のいれものとなって働くなり、それが御用であるぞ。いつでも神憑かれるように、いつも神憑かっていられるようでなくてはならんぞ。（日月神示）

今度お役に立てるのは、水晶魂の選り抜きばかり。神が憑《うつ》りてまいるぞよ。人は調べてあるぞよ。用意をなされよ。（大本神諭）

「神が憑かる」あるいは「神が憑《うつ》る」とは「神様のような精妙な波長を持つ高級神霊に憑依されることです。そのためには、できるだけ神様に近い波長になっておかなければなりません。波長の粗い人には神は憑かることはできず、逆に動物霊のような波長の粗い低級霊が憑かったりして、無差別殺人事件などの奇怪な行動をさせられる危険性があります。そこまで行かなくても、終末の大混乱の中では恐怖に顔を引きつらせながら右往左往させられる可能性が大です。それを避けるためにも身魂磨きが急がれるのです。

『大本神諭・天の巻』にも次のように「神が御用に使う魂」についての記述があります。

神はそのままでは何もできんから、因縁ある身魂を引き寄せて、憑かりてこの世の守護をいたす。

水晶の霊魂を改めて、神が御用に使うぞよ。身魂の審判をいたして、神が綱を掛けるぞよ。

この物質界の立て替えのためには人間の協力が必要なのです。ですから、改心して（＝身魂を磨いて）神が憑依できるような精妙な波長になった人物を、神が引き寄せて御用に使うとおっしゃっているわけです。同じ内容は「日月神示」でも述べられています。

磨けた人から神がうつって、今度の二度とない世界の世直しの手柄立てさすぞ。みたま磨きがなにより大切ぞ。（日月神示）

神かかれる人早う作るのぞ。身魂洗濯するぞ。神かかりと申しても、狐憑きや天狗憑き

や行者のような神憑かりでないぞ。誠の神憑かりであるぞ。（日月神示）

この世のことは神と臣民と一つになりてできる。早う身魂みがいて下されよ。神かかれる肉体沢山要るのぞ。今度の行は心を綺麗にする行ぞ。（日月神示）

この内容が両神示の中で最も大切なポイントと言ってもよいでしょう。終末の大峠においては神（高級神霊）と波長の合う人（魂）が多数必要なのです。そのために、日頃から身魂（肉体と精神）を磨いて（浄めて）、神が憑かれるような波長に近づけておく必要があるのです。

最近では、三次元のこの物質世界と四次元の霊界・幽界を隔てる壁がだんだん薄くなっていると思われます。日月神示によりますと、最終的には物質世界も霊界もさらに上位にある半霊半物質の世界へ移ると言われています。それが、「アセンション（次元上昇）」という言葉の意味です。

半霊半物質の世界は新約聖書では「神の国」と呼ばれ、日月神示では「ミロクの世」と表現されています。この物質界と霊界が融合した世界のことです。

そのような世界に移るためには、身魂磨きによって物質の持つ粗い波長を精妙なものにしておかなければならないと述べておられるのです。つまり、心と肉体の波長を高めておく必要があるのです。そのことによって神様と一体になり、ともに次元上昇することに終末の大峠の意味があるのでしょう。

この世のことは神と臣民と一つになりてできると申してあろがな。早く身魂磨いてくだされよ。臣民ばかりでも何もできぬ。神ばかりでもこの世のことは何も成就せんのぞ。それで神憑かれるように大洗濯してくれと申しているのぞ。神急けるぞ。この御用大切ぞ。神憑かれる肉体たくさん要るのぞ。(日月神示)

今度は神が人民にうつりて、また人民となりてマコトの花を咲かす仕組み。(日月神示)

今度の御用に使う臣民、はげしき行さして神うつるのぞ。今では神の力は何も出ては居らぬのぞ。この世のことは神と臣民と一つになりてできると申してあろがな。早う身魂みがいて下されよ。神かかれる肉体沢山要るのぞ。今度の行は心を綺麗にする行ぞ。掃除できた臣民から、よき御用に使って、神から御礼申して、末代名の残る手柄立てさすぞ。(日月神示)

「今度の御用」とは、これから始まるこの物質世界と霊界・幽界の立て替えのことを意味しています。その役目を果たす人は「はげしき行」が必要なのです。一見不幸に思えるような艱難辛苦を経験させられるということでしょう。

大本教の開祖の出口ナオが神憑りになり、「大本神諭」の元となる神示が降ろされるようになった経緯を見てみましょう。神様がナオの身魂を選び、憑かれるようにするため、いかに「はげしき行」をさせる必要があったのかがよくわかります。参考文献は『出口王仁三郎の霊界からの警告』（武田崇元・著／光文社文庫）です（要約しました）。

出口ナオは天保7年（1836年）丹波国の大工・桐村五郎三郎の長女として生まれました。父の五郎三郎はどうしようもない道楽者で、ナオが生まれたころは貧困のどん底でした。しかも天保の飢饉です。ナオは幼いときに酒乱の父に簀巻きにされて雪の中に放り出されたこともありました。10歳からは住み込み奉公に出ます。17歳のとき綾部の叔母出口ユリの養女になり、19歳で婿をとりますが、夫政五郎は大酒飲みの浪費家で、出口家は田畑、家屋敷を手放し破産します。おまけに夫はアル中の中風となってしまうのです。長男の竹蔵は仕事が嫌でノミで喉を突いて自殺未遂をはかったあげく行方不明になります。3人の幼児を育てるためナオはボロ買い・くず拾いにまで身を落とします。

このようなナオの周辺に神憑り現象が現れるのは明治23年のことです。嫁いでいた三女ヒサが暴れだし、座敷牢に入れられ神の幻影を見るようになります。さらに翌年には長女ヨネが発狂するのです。ヨネの狂乱は激しく、家の前に見物人が集まるほどでした。

そしてついにナオに神憑りが始まるのです。ある夜、ナオは腹の中に大きな力が宿るのを感じます。ナオが歯を食いしばって声を出すまいとしても、それをこじ開けて、ナオも驚くような大声を張り上げて「われは、艮《うしとら》の金神《こんじん》である。今の世は金輪際の悪人の世。世を立て替え、善の世に立て直すぞよ……」と口を突いて出てきたのです。

ナオが「そんな偉い神様が、なんでわしのようなくず拾いなどにお憑かりなさるのか」と尋ねると、神様は「この世の代わり目にお役に立てる身魂であるから、わざと根底に落として苦労ばかりさせてあろうがな」と答えたのです。

このあと「大本神諭」の元となる神示が降ろされるようになるのですが、ここで注目しないといけないのは、「わざと根底に落として苦労ばかりさせた」という内容です。神様が憑かれる体にするため、ナオに長年にわたってどん底の苦しい生活を経験させることによって善くないカルマの清算（身魂の洗濯）をさせたということなのです。善くないカルマの清算と人生の苦労との関係がよくわかる内容です。

これから日本も世界も終末の大動乱に巻き込まれることになると思われますが、神が憑かれるような身魂になるためには、どんな苦難にもしっかりと耐えなければならないということです。少なくともナオと同じ程度の苦労をする覚悟はしておかなくてはなりません。

四つ足を食ってはならん　共食いとなるぞ

「身魂磨き」の「身」は肉体を意味します。肉体を清めることも大切な身魂磨きなのです。体の内も外もいつも清潔に保つことが必要です。外を清潔にすることはほとんどの人が心がけていると思いますが、内を清潔にすることに関しては、多くの人は西洋医学の間違った教えに惑わされていると思われます。つまり、戦後アメリカ（を支配する層）によって強制的に日本人の食生活が米（ご飯）から小麦（パン）に切り替えられ、パンと相性のいい副食として牛乳やハム、ウインナー、ハンバーグなど動物性の食品が食卓を埋めるようになりました。

ホテルの朝食バイキングの様子を観察していますと、若い人は大半が洋食メニューで、ハムやウインナー、ベーコンなどが定番になっています。また、かなり年配のご夫婦でもそろって洋食という人が多くなりました。その結果、戦前の日本人にはなかった新しい病気にかかる人が増えているのが実情です。

特に問題なのは肉食です。「大本神諭」も「日月神示」も、「日本人は肉食をしてはならぬ」と厳しく戒めています。また、腹いっぱい食べるよりも少食のほうが健康にもよいし、また運もよくなるという神示もあるのです。終末の時代を迎えているいま、身魂を内から清めるために「食」に関する神示も真剣に受け止めたいと思います。

食物、食べ過ぎるから病になるのぢゃ。不運となるのぢゃ。腹十分食べてはこぼれる、運はつまってひらけん。この判りきったこと、何故に判らんのぢゃ。ツキモノがたらふく食べていることに気づかんのか。食べ物節すればツキモノ改心するぞ。（日月神示）

少食は運命をよくするという考え方があります。有名なのは江戸時代の観相家で「節食開運説」を唱えた水野南北です。私のホームページに『日本霊能者列伝』（中矢伸一・著／廣済堂文庫）から水野南北に関する内容を抜粋して紹介しています。関心のある方は参照してください。（「水野南北」でネット検索）

さて、神示の解説に戻します。食べ過ぎが不運を招くと判っても、美食と飽食に慣らされた現代人にはちょっと対応が難しいかもしれません。「別に獣側に行ってもいいから、今の食生活はやめたくない」という人もいるでしょう。ただし、そういう人は、迫り来る食料危機によって、空腹の苦しさという形でカルマの清算をさせられる可能性が高いと思います。食べ物が手に入らなくなると、満腹に慣れた胃袋はなかなか辛抱してくれないからです。

「ツキモノ」というのは、この世の人間に憑依している低級霊という意味です。肉体を失ったあともこの世の食べ物に未練のある未成仏霊が、自分と同じような食欲旺盛な人間に憑依《ひょうい》して、その人間を通じて食べ物を口にするのです。本人が食べているようにみえますが、実は低級霊の口に入っているということです。ですから、大食漢と言われる人、どうしても間食癖が抜けない人、甘い物に眼がない人、アルコール依存度の高い人などは注意が必要です。神示では、食べる量を減らすことによって憑かっている霊を改心させることができる、と述べられています。これも終末の時代には大変重要なことでしょう。

四つ足を食ってはならん。共食いとなるぞ。草木から動物生まれると申してあろう。神民の食物は五穀野菜の類であるぞ。食物は科学的栄養のみにとらわれてはならん。霊の栄養大切。(日月神示)

人民がみな飢餓《かつえ》におよぶことが出てくるぞよ。畜生国のように終いには人民を餌食《えば》にせんならんようなことができようもしれんが、何ほど詰まりて来ても、日本の国は共喰いというようなことはできんぞよ。(大本神諭)

日本の国に食物なくなってしまうぞ。世界中に食べ物なくなってしまうぞ。何もかも人民の心からぞ。食物なくなっても食物あるぞ。神の臣民、人民、心配ないぞ。共食いならんのざぞ。心得よ。(日月神示)

日本には五穀、海のもの、野のもの、山のもの、みな人民の食いて生くべきもの、作らしてあるのじゃ。日本人には肉類禁物じゃぞ。今に食物の騒動激しくなると申してあること忘れるなよ。今度は共食いとなるから、共食いならんから、今から心鍛えて食物大切にせよ。食物拝むところへ食物集まるのじゃ。（日月神示）

神示にたびたび出てくる「共食い」とは「人が人の肉を食べる」という意味です。ここでは更にはっきりと「終いには人民（の肉）を餌食に」すると述べられています。肉食に慣れた現在の国民は、終末の土壇場の食料危機の中では、最終的に人間の死体の肉を口にする事態もあり得ることが警告されているのです。

旧約聖書にも、モーゼに率いられた人たちの中に「ああ、肉が食べたい」と絶叫する者がいたという事例が述べられています。肉食に慣れた舌は最も飢えに弱いのです。しかしながら、もし人間が人間の肉を食べる過ちを犯すならば、もはやその魂は永遠に救われることはなくなり、獣への道をまっしぐらに転がり落ちて行くことになります。

今度神から見放されたら浮かぶ瀬ないぞ。食い物大切に、家の中キチンとしておくのがカイ（隗）の御用ざぞ。初めの行ざぞ。（日月神示）

お土から出来た物であれば、どんな物を喰ても辛抱が出来るから、「大根の株でも尻尾で

も赤葉でも、常から粗末にするでないぞよ」と申して、毎度気を附けてあるぞよ。(日月神示)

「カイ(隗)の御用」とは最初のおつとめという意味です。食料危機が来なくても、平素から食べ物を大切にして、家の中を整理整頓しておくことが身魂磨きの第一歩だということです。

人民が口にすべき食べ物は「お土から出来た物」ということで、野菜や果物などの植物を食すべきだと述べられています。穀物菜食をしている人は飢えにも強いのです。また、いざとなれば日本の国土には飢えを凌ぐための食べ物はいくらでもあるからです。

それから、「食べ物」には当然「水」も含まれていると考えるべきでしょう。普段から水を粗末にせず、大切に扱うように心がけたいものです。

子が天国で親が地獄ということもある

終末において人が選別されることは、新約聖書では「羊飼いが羊とやぎとを分けるように人をより分ける」と表現されています。つまり、終末には「救われる人」と「救われない人」に分かれるということです。同じ内容が「大本神諭」と「日月神示」ではハッキリと「神と獣を分ける」という表現になっています。では、神と獣に分ける基準は何でしょうか。以下の神示に目を通してみてください。

今の世見ても、まだわからんか。神と獣とに分けると申してあろが。早うこの神示読み聞かせて、一人でも多く助けてくれよ。（日月神示）

今の内に神徳積んでおかんと八分通りは獣の人民となるのざから、二股膏薬ではキリキリ舞いするぞ。キリキリ二股多いぞ。獣となれば、はらから食うこともあるぞ。（日月神示）

神世の秘密と知らしてあるが、いよいよとなりたら地震雷ばかりではないぞ。人間アフンとして、これは何としたことぞと、口あいたままどうすることも出来んことになるのぞ。四つん這いになりて着るものもなく、獣となりて這い回る人と、空飛ぶような人と、二つにハッキリ分かれて来るぞ。獣は獣の性来いよいよ出すのぞ。（日月神示）

「二股膏薬」とは、自分にハッキリした考えがなく、あっちについたりこっちについたりすることです。ここでの二股の一つは「ミロクの世で生きるために魂を磨く」こと、もう一つは「現世利益」でしょう。この世の価値観で、お金や名誉、地位など、物質的な繁栄を求めることは「体主霊従」の生き方と呼ばれています。逆に、心の問題を重視して生きることを「霊主体従」と言い、終末のあとに訪れる「ミロクの世」での生き方とされているのです。

神示は、私たちがどっちつかずの生き方をしていると、終末の土壇場ではキリキリ舞いをすることになると心配しているのです。「獣的な人間」になってしまったら、食料がなくなれば「はらから（同胞）」つまり人間の肉を食べることになるぞと警告しています。太平洋戦争で生還した人の中に、死亡した仲間の肉を食べたことを告白している人がいました。極限的状況になると人は獣の相を現してしまうおそれがあるのです。

今度は親子でも夫婦でも同じように裁くわけにはいかんのざ。子が天国で親が地獄というようにならんようにしてくれよ。一家揃うて天国身魂となってくれよ。国皆揃うて神国となるようつとめてくれよ。（日月神示）

必ずしも子供より親のほうが身魂が磨けているとは限りません。最近の親は「我善し」の人も多いからです。学校から「モンスター」と恐れられるような親は昔は見られませんでした。そのような人は終末の選別によって子供と永遠に別れてしまうことになるかもしれません。

この終末の時代に、縁あって同じ家族として生まれた以上、次の新しい地球でも一緒に生活したいと思うのが人情でしょう。それに執着しすぎると煩悩が生まれ、新しいカルマをつくってしまいますが、それを願ってともに努力をすることは価値のあることです。自分だけ助かろうとする気持ちでなく、せめて家族揃って、そしてできればこの人生でご縁のあった人たち全員が、あるいはすべての日本国民が、……という考えになれることが大切だと教えているのです。

金で世を潰して、ミロクの世と致す

「地獄の沙汰も金次第」という言葉がありますが、終末の苦しさはお金で解決できるほど生やさしいものではありません。というより、お金の寿命が終わってしまうのです。神示には「金で世を潰す」とあります。お金に依存する気持ちを早く断ち切る必要があるのです。

今度の境界《さかい》の峠は金銀では越せんから、神徳でないと越せんから、身魂の磨き合いをしておりてくだされよ。みぐるしき心で何ほど金銀を積みておりたとて、悪い方へやむを得ずついて行かなならんことができるから、今は掛かりでさほどにはないが、よく見てお陰をとるがよいぞよ。きたない心でためておりても、ためておるものはみなめぐりであるから、めぐりをとりておると、楽に峠が越せるぞよ。この世の物は皆天地のものであるから、いったん天地へ引き上げてしまうから、人民の心を入れ直さんと恐いぞよ。（大本神諭）

「悪い方へついていかないといけない」という「悪い方」とは世界支配層の道連れとなる地獄的世界だと思われます。終末のあとに訪れる「ミロクの世」は、これまでの人間社会のような善悪混合の地球ではなくなるのです。

これから人は善と悪に二極分化してしまいますから、善一筋の「神の国」に行くか、「悪魔に支配された地獄的世界」に連れて行かれ、家畜のように監視されて生きるかのどちらかになると思われます。ですから、終末の土壇場で気がついてももう遅いと、何度も警告しているのです。

「この世の物をいったん天地に引き上げてしまう」とあるのは、いったんは物質文明が崩壊する姿をとるということでしょう。現文明が崩壊する姿を見ても狼狽しないだけの気づきと心構えが必要になります。現文明が崩れていく姿をイメージして、自分の心の動きを観察してみてください。恐怖心とともに未練心、執着心などが生まれるようでは、身魂磨きは不十分といえるかもしれません。もちろん、「こんな文明は壊れてしまえ」という自暴自棄的な気持ちや、現文明を嫌悪したり、そこから逃避しようとする気持ちは最もよくないのです。「現文明に感謝しつつも、それに執着しない」という心の姿勢が大切なのです。

金で世を治めて、金で潰して、地固めしてミロクの世と致すのぢゃ。（日月神示）

今日の世界が、そして日本が迎えている状況は、しばらくの間貧困に耐えていれば再び活力が取り戻せるといった生やさしい状況ではないのです。かつて経済的資産をすべて失った戦後の日本には、まだ「隣近所が助け合う」という人のつながりがインフラとして残っていました。当時の社会状況を描いた書籍に目を通してみましても、国民の大半は極限の貧困にあえいでいたとはいえ、まだ「ゼニがすべてじゃ」といった社会風潮にはなっていなかったことがわかります。

それが戦後の経済復興の過程で、占領軍（ＧＨＱ）が意図的・計画的に施した学校教育やマスコミを使っての情報操作によって、国民は見事に洗脳され、「自己中心主義」「拝金主義」「自虐史観」「西洋化（アメリカナイズ）」されてしまいました。
そのお金中心社会を壊したあと、人々の中にある「お金に依存する気持ち」を払拭してから、「ミロクの世」が始まるということです。

金では治まらん、悪の総大将もこのこと知っていて、金で、きんで世をつぶす計画ざぞ。
（日月神示）

この世がもはやお金では治められないことを、悪の総大将（世界支配層の奥の院）はわかっているのです。デリバティブ取引などを開発して世界経済のバブルを思い切り膨らませた上で、一気に破裂させて世界を大混乱に陥れる計画であることがわかっています。これまでに多くの経済評論家が「大恐慌が来るぞ」と予告しても、いっこうにその予告は当たりませんでしたが、世界支配層は世界経済のウミが貯まるのを根気よく待っていたのです。そして、そのウミを出しきって世界統一政府の土台をつくるために、日本沈没というカードが選ばれ、まもなくスイッチが押されようとしているのです。

大峠になってからの改心では間に合わん

「大本神諭」や「日月神示」は、これから迎える終末の大峠において、人類はそれぞれの善くないカルマの清算をさせられると教えています。それは、私たちが新しい世界（ミロクの世、神の国）へと移り住むためには避けられない宿題なのです。

しかしながら、多くの人はそんなことには無関心で、毎日の自分の生活を維持することに心を奪われ、むしろ新たな善くないカルマを〝生産〟しているのではないでしょうか。子供のころ、遊びに夢中になっていて、夏休みが終わりに近づいてからあわてて宿題に取り組むことがありましたが、そういうことではもう間に合わないのです。残った宿題が多すぎて、とてもやり終えることができなくなります。大峠に差し掛かると、個人のカルマはもちろん人類や地球全体のすべてのカルマが一斉に噴き出して、世界は大混乱に陥り、心静かに身魂磨きに取り組めるような平穏な世の中ではなくなるからです。

そのことを警告するメッセージが「大本神諭」や「日月神示」には繰り返し出てきます。以下にその一部を抜粋してご紹介しますので、しっかり心に留めていただきたいと思います。

これだけ気をつけて（＝警告して）いるのに、聞かずして、我と我が身が苦しみて、どんじり（最後）で改心をいたしてももう遅いぞよ。厭な苦しい根の国、底の国へ落とされ

るから、そうなりてから地団駄踏みてジリジリ悶えても、「そんなら許してやる」ということはできんから、十分に落ち度のないように、神がいやになりても（＝嫌がられても）人民を助けたい一心であるから、何と言われても今に気をつけるぞよ。（大本神諭）

「根の国」「底の国」は、大本では「地獄」のことを意味します。「人民を助けたい一心」という言葉は、親が幼い我が子の安全を気遣う姿と重なります。

めぐり（罪科償却）の出てくるのは、世界はこれからであるぞよ。高いところへ上がりて偉そうにいたしておりた人民、これからは気の毒なことに変わるぞよ。そこになりてから神に縋《すが》りたとて、聞き済みはないぞよ。（大本神諭）

「九分九厘になりたら、手のひらを返すぞよ」と申してあるが、そうならんと守護神も人民も改心をいたさんが、恐さ（ゆえ）の改心は真の改心ではないから、間に合わんぞよ。（大本神諭）

大峠の最中になったら、キリキリ舞いして、「助けてくれ」と押し寄せるなれど、その時では間に合わん。逆立ちしてお詫びに来ても、どうすることもできん。皆おのれの心であ

るからぞ。今のうちに改心（するのが）結構。（日月神示）

このように、終末の土壇場ともなれば、大天変地異などに遭遇して誰もが神にすがるしかなくなるのです。その時になって、神様に命乞いをするような心の持ち方では、もはや救済することはできないとの警告です。

しかも、今回の魂の格付けは「末代のこと」なのです。つまり、未来永劫その状態が続いてしまうということです。今回の終末試験は卒業試験ですから、落第した人（魂）に再試験のチャンスはなく、その居場所が永遠に定まってしまうということです。場合によっては動物や昆虫のような生物と化し、そのまま固定されることになるのかもしれません。私が「高をくくってはいけない」と警告的に申しあげているのはそのためです。この項の最後に、そのことを伝えている神示をご紹介しておきましょう。

今度役目きまったら、末代続くのざぞ。神示に出た通りの規則となるぞ。善も末代ぞ。悪も末代ぞ。（日月神示）

今度神の帳面から除かれたら、永遠に世に出る事できんのであるから、近欲に目くらんでせっかくのお恵み外すでないぞ。（日月神示）

善いと思うことをすぐ行なうのが身魂磨きぞ

ミタマ磨けてさえおれば、心配なくなるぞ。心配は、磨けておらぬ証拠ぞ。ミタマ磨きとは、善いと感じたこと直ちに行なうことぞ。(日月神示)

善いと思ってもすぐには実行に移さない(移せない)で先送りをしてしまうのは、誰もが持っている善くない心の癖でしょう。この癖を絶ちきることが大切な身魂磨きなのです。次章の「覚醒編」でそのことを詳しく説明します。

無くて七癖、七七四十九癖。悪い癖直してくだされよ。天国へ行く鍵ぞ。直せば直しただけ外へ響くものが変わってくるぞ。よくなってくるぞ。変わってくれば、外からくるもの、自分にくるもの、変わってくるぞ。よくなってくるぞ。幸いとなるぞ。よろこび満ち満つぞ。(日月神示)

何事に向かってもまず感謝せよ。ありがたいと思え。初めはまねごとでもよいぞ。結構と思え。幸いと思え。そこに神の力加わるぞ。道は感謝からぞ。不足申せば不足うつるぞ。心のままとくどう申してあろうが。病気でないと思え。弥栄と思え。病治るモト生まれるぞ。

キがもとぞ。何事くるともなにくそと思え。神の力加わるぞ。おそれはおそれ生むぞと申してあろうが。（日月神示）

自分に降りかかって来る一切のものは最善のものと思え。如何なる悪いこともそれは最善のものであるぞ。（日月神示）

現世の価値観では不運に思えたり、不幸に思えることでも、いいえ、だからこそ、自分の善くないカルマの在庫を減らし、身魂を磨く上では最も適切な出来事だということです。

他のために行ぜよ。神は無理申さん。初めは子のためでもよい。親のためでもよい。自分以外の者のために、まず行ぜよ。奉仕せよ。嬉し嬉しの光さしそめるぞ。はじめの世界ひらけるぞ。（日月神示）

神示も「利他」の大切さを教えています。まずは自分以外の身近な人に幸せを与えることから始めるのです。「行」すなわち「子や親に与える」ものは「物」とは限りません。いたわりの言葉であったり、肩をもんであげることであったり、愛情を込めて料理をつくることだったり、いろいろあります。しかし、子や親は自分の分身のような存在ですから、世のため人のために行ずるようになるための、ほんの入口なのです。それでも、「自分だけが大切」と思っている「我善し」の人よりは一歩を踏み出したことにはなるでしょう。

他のために苦労することは喜びであるぞ。全体のために働くことは喜びぞ。光の生命ぞ。誰でも重荷負わせてあるのじゃ。重荷あるからこそ、風にも倒れんのざ。この道理、涙で笑って汗で喜べよ。それとも重荷外してほしいのか。重い重荷もあるぞ。軽い重荷もあるぞ。今まいた種、今日や明日には実らんのざ。早く花が見たく、実がほしいからあせるのじゃ。人間の近欲と申すもの。神の大道に生きて実りの秋《とき》待てよ。まいた種じゃ。必ず実る。誰も取りはせんぞ。万倍になってそなたに返ると申してあろう。（日月神示）

「利他」で最も大切なことは「見返りが期待できない相手」すなわち「全体」のために尽くすことです。たとえば社会のために善いことをしても、すぐに見返りはありませんが、その努力を積み重ねるうちに社会全体が幸せになれば、その一員として自分も恩恵を受けることになります。すぐに成果が表れなくても、自分が与えたものは必ず全体の利益となり、いつしかその実りが自分に返ってくるのです。たとえば、道のゴミを一つ拾うということでも、立派な全体貢献です。

自分が生んだもの、自分から湧き出るものは、いくら他に与えてもなくならんぞ。与えよ、

与えよ、与えてなくなるものは自分のものでないと申してあろう。なくなると思うのは形のみ見ているからじゃ。殻のみ見るからじゃぞ。本質は無限に広がるぞ。与えるほど、よりよく神から与えられるぞ。井戸の水のようなもんじゃ。汲めば汲むほどよくなる仕組み。（日月神示）

ささげるもの、与えるものいくらでも無限にあるではないか。ささげよ、ささげよ。与えよ、与えよ。言《ことば》こそは誰もが持てるそのささげものであるぞ。与えても与えてもなくならんマコトの宝であるぞ。（日月神示）

相手に元気を与える明るい挨拶から、ねぎらい、いたわり、励まし、自信を持たせるため、などなど、相手を幸せにする言葉は世の中全体の身魂磨きに貢献することになるのです。

人に知られぬように善いことを積め

この世の位もいざとなれば宝も富も勲章も役には立たんのざぞ。この世去って役に立つのは身魂の徳だけぞ。身に付いた芸はそのまま役立つぞ。人に知れぬように徳つめと申してあろうがな。神の国に積む徳のみ光なのざぞ。（日月神示）

人に知れたら帳引きとなるから、人に知れんように、人のため国のため働けよ。それがまことの神の国の臣民ぞ。（日月神示）

この世界で身につけた財産や地位、名誉などがあの世に持っていけないことは誰でもわかるでしょう。でも、多くの人は死ぬ間際までそれを追い求めるものです。「自分が身に付けた芸」はそのまま役立つということですから、仕事や芸術の分野などで磨いた技術は新しい世界でも使えるということです。

「徳」に関して言えば、やはり陰徳でないといけないのです。新約聖書でもイエスが「天の蔵に積まれるのは隠れてなされた善行だけだ」と教えています。他者からの感謝の言葉や周りの賞賛を期待しての善行は、動機が不純ということです。それは本当に相手のことを思っての善行ではなく、自分のこと、つまり自分が何らかの利益を受けることを第一に考えての行為だからです。

「日月神示」には「人に知られぬように徳を積め」という言葉が随所に出てきます。それは道徳的視点からではなく、霊的視点からの忠告なのです。どこからか見返りがくることを計算しての善行は価値が小さいのです。潜在意識はその微妙な心の動きをきっちり把握してしまうからです。

同様に、陰に隠れて悪い行ないをすると、それもきっちり把握されます。最近は時間の流れが加速されつつある関係で、隠れたところでなされている悪行がすぐに露見するようになっています。政治家の不正や、一流と言われてきた企業の不始末が、次々とマスコミをにぎわすようになっているのはそのためです。老子に「天網恢々疎にして漏らさず」という教えがありますが、まさに天は一つも見逃すことなく、人の行為を把握しているということです。

世間や他人を恨んではならぬ

世を呪うことは自分を呪うこと。世間や他人を恨むことは自分を恨むこと。このこと覚れば一切はそこからひらけくるぞ。（日月神示）

自分の周りに起こることは、それは過去に潜在意識の中にため込んだカルマが形をとる姿なのです。だから、心を動揺させることなく「あ！　これで善くないカルマが一つ消えていく」と、逆に感謝の気持ちで受けとめることが大切です。善くないカルマは体の病気という形を取ったり、他人から裏切られるという形で現れるなど、呪わしく思う出来事が多いでしょう。

しかし、その時でも、世の中や他人を恨まない方がいいと教えているのです。世の中の総ての存在はつながり合っていて、大きく見ると自分の一部でもあるわけですから、世の中を恨むことは自分を恨むことだ、というわけです。

悪く言われるとめぐり取ってもらえるぞ。悪く言うとめぐりつくるのじゃ。（日月神示）

悪の世が回りてきた時には、悪の御用する身魂をつくりておかねが、善では動きとれんのざぞ。悪も元を正せば善であるぞ。その働きの御用が悪であるぞ。ご苦労のお役であるから、悪憎むでないぞ。憎むと善でなくなるぞ。天地にごりてくるぞ。世界ひとつになった時には憎むことまずさらりと捨てねばならんのぞ。（日月神示）

文明も神の働きから生まれたものじゃ。悪も神のお働きと申すもの。悪憎むこと悪じゃ。（日月神示）

「必要悪」という言葉がありますが、日本沈没を狙って世界大恐慌を引き起こそうとしている海賊の一味（世界支配層）も、この世の進化のためには必要だということです。彼らが推進してきた西洋科学文明は、今日の物質的な便利さ、豊かさを実現し、人の進化の後押しをしてくれているわけです。要は、刃物の使い方の問題であって、悪にも用があるのです。ですから、その悪の役割をしているグループを憎むことはよくないのです。憎めば憎むような世界が現れるのですから、自分にとっても世の中にとっても悪の働きをしてしまいます。

どのような状況でも他の悪口を言うと、善くないカルマを増やすことになるのです。

想念は永遠に働くから、悪想念は早く清算しなければならんぞ。（日月神示）

想念（心の癖）がカルマを作るのです。善くない心の癖は早く修正する必要があります。

最善を尽くしたあとは、神にすべてをまかせよ

終末は善くないカルマの大掃除ですから、天変地異や外国の侵略、食料危機など、心を痛める出来事のオンパレードとなり、つい心が折れそうになると思いますが、それでも自暴自棄になったり、自ら命を絶とうとしたりしてはいけないのです。最後まで耐える人（魂）を神は決して見捨てないからです。「闇のあとには夜明けが来る」という以下の神示で元気をもらってください。

天道人を殺さず。食べ物がなくなっても死にはせぬ。ほんのしばらくぞ。木の根でも食うておれ。闇のあとには夜明け来る。神は見通しざから心配するな。（日月神示）

富士はいつ爆発するのざ、どこへ逃げたら助かるのぞ、という心我善しぞ。どこにいても救う者は救うともうしてあろうが。（日月神示）

外国がいくら攻めて来るとも、世界の神々がいくら寄せて来るとも、ぎりぎりになりたら神の元の神の神力出して岩戸開いて一つの王で治める神のまことの世に致すのであるから、

神は心配ないなれど、ついて来られる臣民少ないから、早う掃除してくれと申すのぞ。（日月神示）

神はこの世におらんと臣民申すところまでむごいことになるから、外国が勝ちたように見える時が来たら、神の代近づいたのぞ。（日月神示）

神にまかせきると申しても、それは自分で最善をつくした後のことじゃ。（日月神示）

最終的に、身魂さえ磨けていれば心配は要らないのです。日本の神様の言葉を信じましょう。信じる者は救われるのです。ただし、自分が最善を尽くすことが必要ですが……。

第六章

新約聖書編

イエス・キリストが説き明かした
終末におけるカルマの清算方法。

古代から現代に至るまでの間に、世界で最も多く発行されてきた書物といえば、文句なしに聖書ということになるでしょう。聖書には旧約聖書と新約聖書がありますが、旧約聖書はユダヤ教とキリスト教で正典とされ、イスラム教にも影響を与えているのに対し、新約聖書はキリスト教だけの正典とされている点が違います。しかしながら、たとえば新約聖書がキリスト教という一宗教団体のために書かれた書物だと思っている方は、その認識を改めていただく必要があります。

正確に言いますと、新約聖書は「イエス・キリストという超能力者が、終末を迎えた人類に対して正しい生き方を伝えた警告の数々を、その弟子（使徒）たちが語り継ぎ、それを後世の信者たちが取りまとめた書物」ということができます。決してひとつの民族やひとつの宗教団体の信者のためだけに編纂されたものではないのです。しかも、今日のキリスト教は、本来のイエス・キリストの教えから大きく逸脱しているといわれています。有名なシルバーバーチの霊言や、超能力者として霊界とこの世を行き来したと言われているスウェーデンボルグの著書の中で、そのことが厳しく指摘されています。

というわけで、さらに踏み込んだ説明をしますと、新約聖書は、仏教の「因果応報の理」とまったく同じ内容の「カルマの法則」を説き明かしている書物といってもよいでしょう。

そういう観点から、ここでは新約聖書の冒頭に収められている「マタイによる福音書」を引用しながら、イエス・キリストの教えの真髄ともいえる内容を見ていきたいと思います。

参考にした新約聖書は日本聖書協会の『和英対照新約聖書』です。（「である体」を「です体」

に変えています）

新約聖書に出てくるイエス・キリストは弟子たちに「人が神の国に入るためには、この世でどのようなことを守らないといけないか」ということを教えているのですが、基本的には「カルマの法則」について述べています。

終末の時代を迎えたいま、私たち人類が幾たびかの生まれ変わりの中で積み上げてきた善くないカルマを清算して「神の国」に行くためには、これからどのような生き方をすればよいのでしょうか。新約聖書の中でイエス・キリストはいろいろな譬えを使って、終末における生き方の要点をたいへんわかりやすく教えてくれています。その教えの数々を分類して、次の9項目に整理してみました。これらは超能力者でもあったイエス・キリストが弟子たちや民衆に対して明らかにした「究極のカルマの清算法」と言えるものです。

このあとでひとつずつ解説していきますが、まずはその九つの項目をまとめてごらんいただきたいと思います。

①　心をつくして神を愛しなさい。

②　自分を愛するようにあなたの隣人を愛しなさい。

③　この世での報いを求めず、神の国に富を積みなさい。

④ この世では幼子のように自分を低くしなさい。
⑤ 神の力を疑ってはなりません。
⑥ 人を裁いてはいけません。
⑦ 自分がしてほしいと思うことを、他の人にしてあげなさい。
⑧ 心の中に悪い思いを持たないようにしなさい。
⑨ 父と母を敬いなさい。

心をつくして神を愛しなさい

① 心をつくして神を愛しなさい。

では、「新約聖書が教える究極のカルマの清算法」の1番目から解説してまいります。
「律法の中で、どの〝戒め〟が一番大切なのか」という律法学者の質問にたいして、イエス・キリストは次のように答えています。

ひとりの律法学者が、イエスを試そうとして質問した。「先生、律法の中で、どのいましめがいちばん大切なのですか」。イエスは言われた。「『心をつくし、精神をつくし、思いをつくして、主なるあなたの神を愛しなさい』。これがいちばん大切な、第一のいましめです」。

（マタイによる福音書）

「神を愛せよ」とは、具体的にどういうことを言っているのでしょうか。一般的に「愛する」という行為は、「相手の求める自分になる」ことを意味しています。たとえば恋人同士の場合、歌の文句にもありますように「あなた好みの女（男）になりたい」ということです。

逆に、今日における若い男女間の「愛」は仏教でいう「煩悩」に近いもので、相手を「自分好みの女（男）に変えたい」という「我善し＝自己中心主義」となっているようにも見えます。つまり、相手を「独占したい」「自分の思うように束縛したい」という傾向が強いということです。

しかしながら、もともとの「愛」の形は、「相手の幸せを願い、その相手の幸せのためなら自分が身を引く場合もある」という抑制された行為を伴うものでしょう。ここで述べられている「愛せよ」の意味も、そのように理解したいと思います。「俺が君を幸せにしてやるから、君も俺を愛してくれ！」といった愛の形は「エゴ」の延長線上にあるもので、ここでいう「愛」とはまったく性質の異なるものです。

愛する行為の二つ目は、「相手を信頼し、身を任せる」ということです。「どこまでもついていく」という行為が求められます。つまり、「相手を疑うことなく、信じきる」ということが最も大切なのです。

以上二つの点から、「神を愛する」とは、「神さまが人にしてほしいと望まれることをする」そして「神さまを信頼しきって、どこまでもついていく」という意味にとらえるべきでしょう。

新約聖書では、「神さまが人に望まれること」を「律法」「神の義」「戒め」などの言葉で表現しています。イエス・キリストは、人の行ないに応じた報いをくださる神様、すなわち、蒔いた種を刈り取るための収穫の機会をちゃんと与えてくださる神様を愛しなさいと言っているのです。

そして、世の終わりの「人類の卒業期」に、すべての人が神の国の住人となってくれることを期待して、そのために必要な心の持ち方、行ないの在り方、言葉の使い方を、イエス・キリストとその弟子たちを通じて人々に伝えてくださっている、まさに愛一筋の神様に対して心を向けるようにと教えているのです。

自分を愛するように隣人を愛しなさい

② 自分を愛するようにあなたの隣人を愛しなさい。

続いて、イエス・キリストが重要な戒めとして示したのが次の言葉です。

「第二もこれと同様です。『自分を愛するようにあなたの隣り人を愛しなさい』。律法全体と預言者の教えとがこの二つの戒めに基づいて（depend on）います」（マタイによる福音書）

キリスト教関係者の間で大変よく知られているこの戒律は、新約聖書の中では「主を愛せよ」と並んで最も重要な戒律とされているものです。

そこで問題となるのが、「では、隣人とはどんな人たちのことを指しているのか」ということになります。一般的に自分の家族や親、兄弟姉妹などであれば、自分を愛するように愛することもそれほど難しいことではないかもしれません。

しかしながら、新約聖書の中の次の一文を読みますと、イエスの言う「隣人」とは、必ずしもそういう身近な人たちのことではないことがわかります。


敵を愛し、迫害する者のために祈りなさい。こうして、天にいますあなたがたの父の子となるためです。天の父は、悪い人の上にも良い人の上にも太陽をのぼらせ、正しい人にも正しくない人にも、雨を降らして下さるからです。あなたがたは自分を愛する人を愛したからとて、なんの報いがあるでしょうか。（中略）あなたがたの天の父が完全であられるように、あなたがたも完全な人となりなさい。（マタイによる福音書）

なんと「自分を愛するように愛しなさい」という「隣人」の中には「敵や迫害する者」も含まれているのです。多くの人はこの表現でイエスの教えにつまずくのではないでしょうか。なぜ自分を迫害するもののために祈らなければならないのか——。

実際にイエスは自らを十字架にかけようとする人たちのために、「父よ、彼らをおゆるしください。彼らは何をしているのか、わからずにいるのです」（ルカによる福音書）と神に祈りを捧げています。

イエスが人々にそのような心の持ち方を求める理由は、今日的表現をするなら「神様（天の父）と同じ波長になりなさい」ということです。「天の父が完全であられるように、あなたがたも完全な人となりなさい（そのように努力しなさい）」という表現がそれを表しています。

自分を迫害する者、あるいは自分の大切な存在（家族など）を迫害する者を憎みますと、そのことによって、自らも「憎む」という心の波長が身についてしまうことになります。つまり、「憎む」という種を蒔いてしまうことになるのです。

その種は「神の国」で何十倍にも何百倍にも大きく育ち、負のカルマとなってこの世界に還ってくることになります。そして、この世界で消化しきれなかったカルマが、世の終わりの時にまとめて清算させられることになるわけです。

憎しみや恨みの念は、神様とは正反対のサタンの波長です。そのような粗い波長を身につけると、ますますそのような憎むべき（恨みに思う）出来事を身のまわりに引き寄せてくる、というのがカルマの法則でした。イエスはそのような神の国の法則がわかっているので、「敵」や「迫害する者」という極端な表現をつかって、人々にその重要な法則を守らせようとしたのでしょう。

神の国は、「与えた物が何倍にも拡大されて戻ってくる」という法則に支配されています。「愛」には「愛」が、「憎悪」には「憎悪」が、強調された形で戻ってくるということです。ですから、心の使い方が大変重要になるのです。

ということで、私が新約聖書の中からピックアップした「カルマの清算法」の要諦は「自分がしてほしくないことは他人にもしてはいけない」ということに尽きます。このことは、律法全体と預言者の教えのすべてがその法則に基づいているというほど重要なことなのです。そういう視点に沿って新約聖書を読んでいきますと、イエス・キリストの述べている内容が大変よくわかります。たとえば、次の言葉も同じ視点から述べられたものです。

もしも、あなたがたが、人々のあやまちをゆるすならば、あなたがたの天の父も、あなたがたをゆるして下さるでしょう。もし人をゆるさないならば、あなたがたの父も、あなたがたのあやまちをゆるして下さらないでしょう。（マタイによる福音書）

ここでは、「他人の過ちを許さない人は、自分の過ちも許してもらえない」ということが、カルマの法則の一例として述べられています。以下、カルマの法則に則ったイエスの教えが続きます。

そのとき、ペテロがイエスのもとにきて言った、「主よ、兄弟がわたしに対して罪を犯した場合、幾たびゆるさねばなりませんか。七たびまでですか」。イエスは彼に言われた、「わたしは七たびまでとは言いません。七たびを七十倍するまでしなさい」。（マタイによる福音書）

自分に対して好ましくないことをした相手であっても、いかに徹底的に許してしまわなければいけないかということを、イエスは「7度を70倍するまで許しなさい」という表現で強調しています。要するに、この世で「許せない！」という対象をつくってはいけないということです。そのような心の癖は、神の国の入口の扉を閉ざし、結局は自らの不幸を招くことになるからです。

悪人に手向かってはいけません。もし、だれかがあなたの右の頬を打つなら、ほかの頬をも向けてやりなさい。あなたを訴えて、下着を取ろうとする人には、上着も与えなさい。もし、だれかが、あなたをしいて一マイル行かせようとするなら、その人と共に二マイル行きなさい。求めようとする人には与え、借りようとする人を断らないようにしなさい。（マタイの福音書）

たいへん有名な「右の頬を打たれたら、左の頬をも打たせなさい」という言葉の意味は、これでご理解いただけたでしょうか。とにかく「人を恨むようなマイナスの念を持ってはいけない」ということを、イエスはさまざまな譬えを使って教えているのです。

神は人の髪の毛の1本まで数えておられる

ここで「御国」「天」「地」という言葉の概念を整理しておきます。「御国」とは「神の国」ということで、終末のカタストロフィーを経て人類が地球といっしょに次元上昇して行くことになっている世界のことです。新約聖書に限らず、「日月神示（ひふみ神示）」などのわが国の神示においても、この三次元の物質世界（＝地）がスタートしたときから、次元上昇の時がくることは決まっていたと述べられています。

これに対して「天」とは一般的な言葉で言えば「霊界」のことを言っています。次元でいえば四次元ということです。霊界通信などを通じて、人は四次元の霊界（天）と三次元の物質世界（地）を行ったり来たり（輪廻転生）しながら魂を磨いてきた、ということが判っています。その魂を磨く上でもっと大切な法則がカルマの法則なのです。私たちの日頃の心の持ち方、行ない、発する言葉（＝身・口・意）は私たち自身の心（潜在意識）の波長に影響を及ぼし、その波長に応じた境遇を、この現実世界（実は「うつし世」といって心の世界が反映された世界）においても霊界においても体験することになります。

心（潜在意識）が地獄のような想念に満たされていれば、あの世（霊界）でもこの世でも地獄のような生活を体験することになるということです。

そのような私たちの「心の状態」がもれなく記録されていると言われているのが「天の蔵」です。

「大本神諭」や「日月神示」では、その時代の人たちに理解できる言葉で「すべて帳面につけてある」という表現が使われています。新約聖書では、「(あなたがたの父は)あなたがたの髪の毛までも一本残らず数えられている」というイエスの言葉が同じことを述べているのです。

世の初めから決まっている終末の大峠を越えると、この「天(四次元)」と「地(三次元)」がまとめて「神の国」へと移行(次元上昇)することになります。ですから、もし「神の国」を次元で表現すれば「五次元以上の世界」ということになります。

それは一般的に考えられている「天国」とは違うのです。天国は四次元の世界における精妙な波長の高い階層ということです。その反対に波長の粗いのが地獄的世界で、これは四次元の低い階層ということになります。

これから迎える次元上昇のときには、この低い階層の住人は神の国の波長とは合わないため地獄的世界に取り残されることになるのです。聖書的表現をしますと、「地獄の釜のふた」が閉じられて、神の国へと移行した人間に干渉することができなくなるということです。新約聖書のヨハネの黙示録によれば、そのような状態が約千年間続くそうで、その期間にちなんで「千年王国」と呼ばれています。

この千年王国は、「日月神示」の中で述べられている「半霊半物質の世界」のことだと思われます。次元上昇してから千年後に、もう一度人類はふるいにかけられて、その後に真正の神の国(神界)に変わると言われています。

この地球ごと次元上昇したあとに現れる神の国は、文字どおり神様の住む世界ということで、次元上昇した人たちは「神様にも匹敵するような存在」になるわけです。そのことが「日月神示」では「新しい世界では人が神となる」と表現されています。

神の国は、「与えたものと同じものがすぐに返ってくる」というカルマの法則に支配された世界ですから、その世界に住むことができる住人は、この世にいるときから心のコントロール法を身につけておく必要があるのです。たとえば他人を憎むような気持ちを持つと、その憎しみの念はこの物質世界よりもはるかに強烈なパワーを持って憎しみの対象となる人を傷つけ、同時に自分をも傷つけることになるからです。「丑の刻参り」として知られる呪い釘の呪法と同じレベルのことが、普通の状態ですぐに実現してしまうことになるということです。そのような憎悪の念が飛び交う世界はとても神の国と呼べるものではないでしょう。

終末には人はこうしてふるいにかけられる

さて、この項の最後に、神の国に行ける人と行けない人は何によって分けられるのかということがよくわかる新約聖書の中の一文をご紹介しておきます。この文章を読んでいただくと、「隣人」とは「弱い立場の人」を総称していることがわかります。

終末の土壇場では、そういう弱い立場の人に慈悲の心を表すことができたかどうかを基準にして、人がふるいにかけられるのです。要するに、「髪の毛一本」の譬えのとおり、私たちの日頃の言動は一つ残らず神さまによって把握されているということです。

人の子が栄光の中にすべての御使いたちを従えて来るとき、彼はその栄光の座につくでしょう。そして、すべての国民をその前に集めて、羊飼いが羊とやぎとを分けるように、彼らをより分け、羊を右に、山羊を左におくでしょう。

そのとき、王は右にいる人々に言うでしょう。「わたしの父に祝福された人たちよ。さあ、世の初めからあなたがたのために用意されている御国を受けつぎなさい。あなたがたは、わたしが空腹のときに食べさせ、かわいていたときに飲ませ、旅人であったときに宿を貸し、裸であったときに着せ、病気のときに見舞い、獄にいたときに訪ねてきてくれたからです」。

そのとき、正しい者たちは答えて言うでしょう。「主よ、いつ、わたしたちは、あなたが空腹であるのを見て食物をめぐみ、かわいているのを見て飲ませましたか。いつあなたが旅人であるのを見て宿を貸し、裸なのを見て着せましたか。また、いつあなたが病気をし、獄にいるのを見て、あなたの所に参りましたか」。

すると、王は答えて言うでしょう。「あなたがたによく言っておきます。わたしの兄弟であるこれらの最も小さい人のひとりにしたことは、すなわち、わたしにしたことになるのです」。

それから、左にいる人々にも言うでしょう。「のろわれた人たちよ。わたしを離れて、悪魔とその使いたちのために用意されている永遠の火にはいってしまいなさい。あなたがたは、私が空腹のときに食べさせず、かわいていたときに飲ませず、旅人であったときに宿を貸さず、裸であったときに着せず、また病気のときや、獄にいたときに、わたしを訪ねてくれなかったからです」。

そのとき、かれらもまた答えて言うでしょう。「主よ、いつ、あなたが空腹であり、かわいておられ、旅人であり、裸であり、病気であり、獄におられたのを見て、私たちはお世話をしませんでしたか」。

そのとき、彼は答えて言うでしょう。「あなたがたによく言っておきます。これらの最も小さい人のひとりにしなかったことは、すなわち、わたしにしなかったことになるのです」。

そして彼らは永遠の刑罰を受け、正しい人は永遠の生命に入るでしょう。

（マタイによる福音書）

神の国に富を積みなさい

③　この世での報いを求めず、神の国に富を積みなさい

自分の義を、見られるために人の前で行なわないように、注意しなさい。もし、そうしないと、天にいますあなたの父から報いを受けることがないでしょう。だから、施しをす

る時には、偽善者たちが人にほめられるため会堂や町の中でするように、自分の前でラッパを吹きならしてはいけません。よく言っておきますが、彼らはその報いを受けてしまっているのです。

あなたは施しをする場合、右の手のしていることを左の手に知らせてはいけません。それは、あなたのする施しが隠れているためです。すると、隠れた事を見ておられるあなたの父は、報いてくださるでしょう。（マタイによる福音書）

さて、ここからがカルマの法則のエッセンスとも言える内容となります。聖書では「自分が蒔いた種の収穫」のことを「報い reward」および「報いを受ける paid」という言葉で表現しています。まさに仏教でいう「因果応報」の「報」に当たる言葉です。

仏教では、善いことをしたら善い報い（善因善果）、悪いことをしたら悪い報い（悪因悪果）と教えていますが、ここでの「報い」は「善果」の意味に使われています。

義（善き行為）を行なっても、それが人に見られ、賞讃されることを期待して行なうと、せっかく蒔いた「種」が本来なら天の蔵（神の国にあるカルマの貯蔵所）に積まれるところなのに、その前にこの世で「報い」を受けてしまうので、天の蔵には何も残らないよ、とイエスは忠告しているのです。この場合の「この世での報い」とは、他人の賞讃であったり、賞賛を期待しての自己満足や自慢の気持ちを表しています。

つまり、「自分はいいことをした（している）」と自慢する気持ちは、天の蔵に積むべき善果を先食いしてしまうことになるということを言っているのです。同じことは「日月神示」の中にも出てきますので、これはカルマの法則の大切なポイントだと考えられます。

また、自慢するつもりはなくても、自分がした善行が他人に知られると、それは天の蔵に積まれることにならないようです。そのことを、ここでは「右の手のしていることを左の手に知らせるな」と表現していますが、英文を直訳すると、「あなたが貧しい人に施しをするときは、そのことがあなたの最も親密な友達にも知られないようにしてやりなさい」となっています。おそらくギリシャ語の原文には日本語訳のように「右手」「左手」という表現が使われていたのでしょうが、英語に訳した人はそれを意訳して、よりわかりやすくしたものと思われます。

あなたがたは自分のために、虫が食い、さびがつき、また、盗人らが押し入って盗み出すような地上に、宝をたくわえてはなりません。むしろ自分のため、虫も食わさず、さびもつかず、また、盗人らが押し入って盗み出すことのない天に、宝をたくわえなさい。だれも、ふたりの主人に兼ね仕えることはできません。一方を憎んで他方を愛し、あるいは、一方を親しんで他方をうとんじるからです。あなたがたは、神と富とに兼ね仕えることはできません。（マタイによる福音書）

結論から申しますと、この世（三次元の物質世界＝地）での富 richesすなわち「現世利益」を追求する人は、天の蔵に富を積むことはできないということです。「人は神 God と富 money に兼ね仕えることはできない」からです。英文では、この部分の「富」は money（お金）と表現して、他の部分の「富 riches」とは区別しています。

お金はこの世でしか通用しない「現世利益」の象徴です。これまで人々は、自分の願いごとや幸せの実現のためのバロメーターとして、お金を追い求めて来ましたが、終末のあとに訪れる新しい世界（神の国）ではお金は必要とされないということです。「大本神諭」や「日月神示」にもまったく同じことが述べられています。

「天国は、一粒のからし種のようなものです。ある人がそれをとって畑にまくと、それはどんな種よりも小さいが、成長すると、野菜の中でいちばん大きくなり、空の鳥がきて、その枝に宿るほどの木になります」。またほかの譬を彼らに語られた、「天国は、パン種のようなものです。女がそれを取って三斗の粉の中に混ぜると、全体がふくらんできます」。（マタイによる福音書）

どんな種よりも小さなからし種でも、それを畑に蒔くと野菜の中では一番大きく成長するということに譬えて、神の国では、人が心で思ったことが何十倍、何百倍もの大きさに育つということを言っています。また、粉に混ぜると全体を大きく膨らませるパン種（イースト）のように、神の国では私たちの小さな思いが何十倍にも大きく膨らんでいくということです。つまり、「善因善果、悪因悪果」が、この物質世界よりもはるかに大きなスケールで実現するということを言っているのです。

いかに心のコントロールが大切かがわかります。その心をコントロールする方法を、人類はこれまで輪廻転生を繰り返す中での様々な体験を通じて学んできたわけです。そして、いよいよその学びの成果が試される卒業期を迎えているということです。

「富んでいるものが神の国にはいるよりは、らくだが針の穴を通る方が、もっとやさしいでしょう」。（マタイによる福音書）

「富んでいるもの」とは、この世で地位や財産、名誉などの現世利益を手にして「成功した」と思っている人のことでしょう。現世利益を追い求め、それを享受し、満喫している人は、神の国に入るのは難しいということです。これは「持たざる者」を慰めるための言葉ではなく、まさに「カルマの法則」そのものです。現世利益を手にすることよりも、天の蔵に「富」を積むこと、すなわち身魂磨きこそが、私たちの人生の目的と言えるものなのです。

幼子のように謙虚でありなさい

④ この世では幼子のように自分を低くしなさい

そのとき、弟子たちがイエスのもとにきて言った、「いったい、天国ではだれがいちばん偉いのですか」。すると、イエスは幼な子を呼び寄せ、彼らのまん中に立たせて言われた、「よく聞きなさい。心をいれかえて幼な子のようにならなければ、天国にはいることはできないでしょう。この幼な子のように自分を低くする者が、天国ではいちばん偉いのです」。（マタイによる福音書）

そこで、イエスは彼らを呼び寄せて言われた、「あなたがたの知っているとおり、異邦人の支配者たちはその民を治め、また偉い人たちは、その民の上に権力をふるっています。あなたがたの間ではそうであってはなりません。かえって、あなたがたの間で偉くなりたいと思う者は、仕える人となり、あなたがたの間でかしらになりたいと思う者は、僕とならねばなりません」。（マタイによる福音書）

だれでも自分を高くする者は低くされ、自分を低くする者は高くされるでしょう。（マタ

イによる福音書）

神は高慢な者を敵とし、謙遜な（humble）者には恵みをお与えになります。（ヤコブの手紙）

新約聖書の中には、人が高慢になることを戒め、「幼子のように謙虚でありなさい」と教え諭す表現が随所に出てきます。中でも、「神の前に謙虚であれ」という意味は、今日における科学万能主義を戒める言葉と受け止めるべきでしょう。我が国の「大本神論」や「日月神示」が、「学」に頼りすぎて「神」を軽視している現代人を戒めていることとも相通じるものがあります。

また、財産、地位、名誉などの現世利益を手に入れて慢心している人への戒めの言葉と解釈してもよいでしょう。大切なのは、「神（絶対神）に対して謙虚である」ということです。より具体的に言えば、「今日の物質文明が創り出しているさまざまな問題は、人類が驕り高ぶっていることの表れであることを認識し、謙虚に反省する気持ちを持ちなさい」ということでもあります。「神の国の住人」になることを願う人にとっては、肝に銘じておく必要のある教えと言えそうです。

⑤ 神の力を疑ってはなりません（疑う＝信仰が薄い）。

それからすぐ、イエスは群衆を解散させておられる間に、しいて弟子たちを船に乗り込ませ、向こう岸へ先におやりになった。そして群衆を解散させてから、祈るためにひそかに山へ登られた。夕方になっても、ただひとりそこにおられた。ところが船は、もうすでに陸から数丁も離れており、逆風が吹いていたために、波に悩まされていた。イエスは夜明けの四時ごろ、海の上を歩いて彼らの方へ行かれた。弟子たちは、イエスが海の上を歩いておられるのを見て、幽霊だと言っておじ惑い、恐怖のあまり叫び声をあげた。しかし、イエスはすぐに彼らに声をかけて、「しっかりするのです、わたしです。恐れることはありません」と言われた。するとペテロが答えて言った、「主よ、あなたでしたか。では、わたしに命じて、水の上を渡ってみもとに行かせてください」。イエスは、「おいでなさい」と言われたので、ペテロは船からおり、水の上を歩いてイエスのところへ行った。しかし、風を見て恐ろしくなり、そしておぼれかけたので、彼は叫んで、「主よ、お助けください」と言った。イエスはすぐに手を伸ばし、彼をつかまえて言われた、「信仰の薄い者よ、なぜ疑ったのですか」。（マタイによる福音書）

終末の後に訪れる新しい世界（神の国）へ入るために最も大切な心の姿勢は「神の力を信じること」「その同じ力が自分の中にも宿っていることを信じること」なのです。イエスは弟子たちにそのことを繰り返し教え諭しています。また、イエスの超能力の噂を聞いて頼ってくる人たちに対しても、病気を癒したり、悪霊を追い出したりするなかで、その都度「信仰faith」の大切さを説いているのです。

あなたの敵でも赦してあげなさい

⑥人を裁いてはいけません

ここでもう一度、「新約聖書は、イエスという超能力者が2000年前のユダヤの人たちに終末の生き方を教えた言行録」であるということを確認しておきたいと思います。

聖書は、決して「キリスト教徒の持ち物」ではありません。イエスはキリスト教という宗教団体を作ろうとしたわけではなく、ただ弟子たちに「私の言ったことを多くの人に伝え広めなさい」と指示しただけです。なぜ伝える必要があるかといえば、それは「終末において天の父による人類の審判が行なわれるときに、選ばれる側（羊にたとえられる）に置いてもらえるように」ということです。

イエスは、終末の土壇場で人は羊と山羊を分けるように選別されると述べています。そして、「選ばれるためにはどうすればよいのですか」という弟子たちの質問に対して、いろいろな譬えを使いながら、大切な戒めについて教えているのです。

次の一文もその戒めを述べた内容ですが、質問の中にある「永遠の命を得る」ということが「選ばれて神の国に入る」という意味に使われています。

ひとりの人がイエスに近寄ってきて言った。「先生、永遠の生命を得るには、どんなよいことをしたらいいでしょうか」。イエスは言われた。

「……もし、（永遠の）命に入りたいと思うなら、いましめを守りなさい」。

彼は言った。「どのいましめですか」。イエスは言われた。

「『殺すな、姦淫するな、盗むな、偽証を立てるな、父と母を敬え』そして『自分を愛するように、あなたの隣り人を愛せよ』です」。（マタイによる福音書）

「殺すな、姦淫するな、盗むな、偽証を立てるな、父と母を敬え」という戒めについては、今日の日本社会において最も声高に叫ばれないといけない内容と言えそうです。イエスの生きていた時代もそのような乱れた世の中だったのかもしれませんが、それにしましても、まるで今日の世の中を見通していたかのような内容であることに驚きを覚えます。今日では子の親殺し、親の子殺しのニュースさえ珍しくなくなってきました。

イエスが終末に大切になる戒めの中に「父と母を敬え」という内容を含めたのはなぜでしょうか。その点は後ほど別項で説明してまいります。

さて、「人を裁いてはいけません」という内容は、マタイによる福音書では、イエスの言葉として次のように表現されています。


人を裁いてはいけません。自分が裁かれないためです。あなたがたが他の人を裁くそのの裁き方で、自分も裁かれ、あなたがたの量るそのはかりで、自分にも量り与えられるでしょう。

なぜ兄弟の目にある埃《ほこり》を見ながら、自分の目にある埃を認めないのですか。自分の目には丸太があるのに、どうして兄弟に向かって、「あなたの目から埃を取らせてください」と言えるでしょうか。まず自分の目から丸太を取り除きなさい。そうすれば、はっきり見えるようになって、兄弟の目から埃を取り去ることができるでしょう。（マタイによる福音書）

まず、「人を裁くjudge」とは具体的にどういうことでしょうか。それを別な言葉で言うならば「自分の基準で人の言動の善悪を判断し、それによって好悪の感情を抱く」ということでしょう。「善（と思う行為）を喜び、悪（と思う行為）を嫌悪する」ということになります。

その結果、その人は「自分が量ったのと同じ秤《はかり》で量り返される」と述べられています。その「同じ秤」とは、「喜ぶ気持ち」には「喜ぶ気持ち」が返り、「嫌悪する気持ち」には「嫌悪する気持ち」が返ってくるというカルマの法則を述べているのです。

では、人を裁かないためにはどうすればよいのでしょうか。人の言動の善悪によって、感情を左右されないということです。そのことを、イエスは「あなたの敵をも愛しなさい」「右の頬を打たれたら、左の頬をも出しなさい」という極端な譬えを使って表現していました。

だから、十字架にかけられた自分を口汚く罵ったり、投石したりする群衆に対しても、イエスは神への祈りの中で、「あの人たちを許してあげてください。自分たちが何をしているかわからない（気の毒な）人たちなのです」と述べ、決して怒ったり憎んだりしていないのです。

上の文章は、続けて「兄弟の目にある埃 speck を取ろうと思う前に、自分の目についている丸太logを取り除きなさい」と諭しています。「他人の中に見える欠点が気になるのは、それは自分の中に同じ欠点があるからだ」と言われますが、まさにそのことを述べているのです。しかも、他人の目についているのは小さな埃であるのに対して、自分の目についているのは丸太のように大きなものだと述べています。つまり、他人の欠点は小さなものでも気になるが、自分の欠点は非常に大きいものであっても気がつかないものだということを例えているのです。

他人の欠点を見て嫌悪したり憎悪したりして心を曇らせると、自分は終末の大峠においてその数十倍も、数百倍も嫌悪され、憎悪されるということを教えてくれています。

結論として、「人を裁く」という意味は、「他人の言動に対して悪い感情を持つ」ということであると理解しておきたいと思います。「人を呪わば穴二つ」という諺と同じく、カルマの法則そのものを述べていることがわかります。さらにシンプルな表現として、新約聖書の中の次の言葉も記憶にとどめておきたいものです。

あなたがたも、もし心から兄弟を許さないならば、わたしの天の父もまた、あなたがたに対してそのようになさるでしょう。（マタイによる福音書）

自分がしてほしいと思うことを他の人にもしてあげなさい

⑦自分がしてほしいと思うことを、他の人にもしてあげなさい

「新約聖書が教える究極のカルマの清算法」の7番目は「自分が他の人からしてほしいと思うことを、他の人にもしてあげなさい」ということでした。「与えたものが返ってくる」というカルマの法則をストレートに反映した行動指針と言えます。

同じ意味の裏返しの表現である「自分がしてほしくないことは、他の人に対してもしてはいけません」という言葉とセットで記憶にとどめておきたいと思います。新約聖書の中では、この内容が次のように表現されています。

他の人からしてほしいと思うことは何でも、あなたがたも他の人にしてあげなさい。これこそが律法と預言者たちの教えの意味するところです。（マタイによる福音書）

⑧ 心の中に悪い思いを持たないようにしなさい

「新約聖書が教える究極のカルマ清算法」の8番目は「心の中に悪い思いを持たないようにしなさい」ということでした。これは「身・口・意をコントロールすべし」という身魂磨きの要諦を述べたものです。このことに関する新約聖書の記述を見てみましょう。

人の口からは心の中に溢れていることが出てくるのです。善い人は善いものを入れた蔵から善いものを取り出し、悪い人は悪いものを入れた蔵から悪いものを取り出してきます。裁きの日には、あなたがたは自分が口にしたつまらない言葉の責任を問われることになります。自分が使ってきた言葉によって、罪があるかないかの審判を受けるのです。（マタイによる福音書）

口に入るものがあなたがたを汚すのではなく、口から出ていくものがあなたがたを汚すのです。口から出ていくものは心から出て来ます。そして、それがあなたがたを汚すことになります。あなたがたの心からは、悪い思いが出て来ます。すなわち、殺意、姦淫、みだらな行ない、盗み、嘘、他人の悪口などは、あなたがたの心から出て来るものです。こ

れがあなたがたを汚すのです。（マタイによる福音書）

私たちが普段何気なく使っている言葉が、私たちの心の反映であることは言うまでもないことでしょう。「心にもないことを言ってしまった」という言い方をすることもありますが、そういう場合でも実際は心の奥底（潜在意識）に眠っている本音が無意識のうちに言葉となって現れたと見るべきです。

心に悪い思いを抱けば、それは必ず言葉となって現象化し、善くないカルマをつくってしまうということで、まず心の調律から始めることが必要なのです。善くないカルマの清算のためには、日頃から心の中に悪い思いを持たないようにすることが大切であることを肝に銘じておきたいと思います。

父と母を敬いなさい

⑨ 父と母を敬いなさい

「新約聖書が教える究極のカルマの清算法」の最後は「父と母を敬いなさい」ということでした。一見、平凡な道徳律のように見えます。儒教などでも「親孝行をしなさい」「親を大切にしなさい」と教えているからです。しかしながら、新約聖書が「父と母を敬いなさい」ということを大事な戒めとして強調していることには深い意味が隠されていることがわかります。

まず注目する必要があるのは、「愛しなさい love」とせずに「敬いなさい respect」としたのはなぜなのかということです。「神を愛しなさい」「隣り人を愛しなさい」というように、他の箇所では「愛しなさい」という表現が使われているのに、「父と母」に関してだけ「敬いなさい」という言葉にして使い分けているのには何か意味があるはずです。

では、まず新約聖書のその部分を見てみましょう。


神は「あなたがたの父と母を敬え」と言われ、「もし父または母を罵る者があれば、その者は死刑に処せられるべきである」と言っておられます。（マタイによる福音書）

ひとりの人がイエスに近寄ってきて言った。「先生、永遠の生命を得るには、どんなよいことをしたらいいでしょうか」。イエスは言われた。

「……もし、（永遠の）命に入りたいと思うなら、いましめを守りなさい」。

彼は言った。「どのいましめですか」。イエスは言われた。

「『殺すな、姦淫するな、盗むな、偽証を立てるな、父と母を敬え』そして『自分を愛するように、あなたの隣り人を愛せよ』です」。（マタイによる福音書）

イエスは神の言葉として、「父や母を罵る者は死刑に処せられるほど罪が重い」とも述べています。「罵る」は英文では「curse」となっています。この言葉は「呪う、罵る」という意味のほかに「不敬な言葉を吐く」という使い方がされますので、単に「父や母に不敬な言葉を吐く」という行動レベルの戒めというよりも「父や母を敬わない」という心のレベルの問題ととらえるべきでしょう。「敬う」べき父や母に対して不敬な言葉を吐くという行為は、戒めに反する行為なので罪が重いということです。

「父や母に不敬な言葉を吐いてはいけない」という行動レベルの戒めであれば、「親を大切にしなさい」という儒教の教えと同じような道徳律になります。しかしながら、新約聖書がここで述べているのはそういう行動レベルのことではなく、「心」に関する問題なのです。ここが重要なポイントです。

そもそも「父や母を大切にしない」ことが死刑に値するほど罪が重いとは考えられません。単に親孝行を奨励するためであれば、もっと穏やかな表現でもよいはずです。たとえば「父や母を大切にしない人は幸せになれない」といった表現で十分なはずです。

しかも、すでに父や母が亡くなった人や、親と離ればなれになって連絡がとれないような人などは、親孝行をしようと思ってもできないわけです。そのように戒めの対象とならない人が多く存在することを「永遠の命に入るための大切な戒め」にするとは思えません。

前置きが長くなりましたが、ここで私の解釈を申し上げます。

私は、イエスが「父や母を敬いなさい」という戒めを強調したのは、「父や母と心の波長を合わせなさい」という意味だと解釈しています。肉体的に血のつながりの濃い父や母は、霊的に見てもこの世で最も波長の合う存在です。いわば自分と同じ魂のグループに属している先輩なのです。すでに父や母が他界している場合は、父や母は最も身近なご先祖様ということになります。

ですから、「父や母を敬う」ということは、自分の魂の系図に連なる先祖の霊たちを敬うということでもあるのです。私たちの指導役を務めている守護霊も、先祖の霊の中から選ばれると言われています。

そういう意味では、父や母は（その霊は）、私たちが霊界における魂のグループとつながる時の入り口ということが言えます。父や母を敬うことで、心の波長が魂のグループと同調しますので、守護霊の働きも強化され、邪悪な霊のいたずらなどから防いでもらえるということです。

逆に、霊界の邪悪な霊たちは、魂のグループとの霊的なつながりを弱くしようとしてさまざまな手を使ってきます。先祖を敬う習慣が廃れ、親子の断絶が進んだ今日のわが国社会で、悪質な霊の干渉によると思われる凶悪な犯罪が多発するようになったのも、多くの人が自らの魂のグループとのつながりを弱くしてしまっていることの表れでしょう。

超能力者のイエスにはそのような霊界のメカニズムがわかっていたので、人が自らの魂のグループとの霊的つながりを強くするための有効な手段として「父や母を敬いなさい」という戒めを強調したものと思われます。

普通の人は「守護霊を敬いなさい」と諭されても、守護霊の姿を思い浮かべることはできませんが、父や母であればいつでも瞼に浮かべることができるはずです。いわば魂のグループの代表としての父や母を敬う気持ちを強く持てば、その心の波長は守護霊や守護神のところに届き、守護霊の指導も受けやすくなるということです。「敬う」「感謝する」という心の状態は、その対象と波長を同調させる上で最も効果的なのです。

逆に、そのような魂のグループにつながる入り口とも言える父や母を敬わず、逆に呪ったり、罵ったりするようなことがあれば、守護霊や守護神とのつながりも弱くなってしまいます。その結果、邪悪な霊たちの餌食になりやすい状態が生まれるということです。新約聖書によりますと、イエスの時代には悪霊に取り憑かれた人が非常に多かったことが記録されています。イエスは人に取り憑いた善からぬ霊を肉体から追い出しています。その結果、イエスの超能力ぶりが知られることになり、人びとがイエスの周りに押し寄せてくることになったのです。

また、聖書の戒めが父や母に関しては「敬いなさい」として「愛しなさい」としなかった理由は、「肉親を愛する」という気持ちは仏教で言う「煩悩」的なものになってしまう可能性があるからだと思われます。自分の肉親を愛する気持ちは、現世での幸せに執着する粗い波長になり、神の精妙な波長とはかけ離れたものになってしまうのです。

ということで、「愛しなさい」という表現では戒めの意味するところが誤解されるおそれがあるため、父や母に関しては「敬いなさい」と表現したものと考えられます。

第七章

覚醒編

日本沈没が迫っているいま、
身魂磨きの実践が急がれる。

ここまでの内容を簡単に振り返ってみましょう。次の10項目に整理することができます。

①この国は幕末・明治維新から世界支配層に乗っ取られている。

②彼らは東日本大震災（人工地震・津波テロ）で「日本沈没」を試みたが、いくつかの手違いがあってうまくいかなかった。

③いま周到な準備をして、再度「日本沈没」テロを仕掛けようとしている。

④彼らの次の「日本沈没」テロが成功すると、日本は国家機能を喪失し、アメリカおよび中国による信託統治という形で管理される可能性が高い。

⑤社会のインフラが破壊され尽くした日本の国民は、国内にいながら難民のような厳しい生活環境に置かれることになると思われる。

⑥彼らの真の狙いは、世界第三位の経済大国である日本の財政破綻を引き金として世界大恐慌を起こし、世界各国を大混乱に陥れることにある。

⑦最終的な彼らの狙いは、国連を発展させた形で世界統一政府を樹立することにあると言われている。

⑧しかし、日本の神示の示すところによれば、彼らの作り出す世界大動乱は、現文明の崩壊という形で終末の破局へと突き進むことになると見られる。

⑨終末の大峠において、人類はそのカルマの内容に基づいて次の新しい世界へと移る人と、世

界支配層の作り出す地獄的世界に取り残される人に分けられるという。

⑩ 私たちは今こそ「カルマの法則」を理解して身魂磨きに取り組み、終末の大動乱を強く正しく生き抜く準備をしなければならない。

現在、この国の政治もマスコミも完全にアメリカ（を裏から支配する層）のコントロール下に置かれていますので、国民は洗脳されていて、間近に迫りつつある「日本沈没」の危機に気づいていません。海賊一味（世界支配層）は日本国民がこのまま眠り続けていることを望んでいると思いますが、もう目を覚まさないといけない状況がそこまで来ています。この本が、一人でも多くの人が目を覚まし、真実に気づいていただくきっかけになることを願っております。

世界支配層はなぜ日本沈没を狙うのか

すでに断頭台に首を差し出している日本ですが、その断頭台のスイッチを押そうとしている世界支配層がどのような人種なのかについて、少し真相を明らかにしておきましょう。

彼らは人種で言えば白人です。しかし、すべての白人を代表しているわけではありません。あえて言えば、世界を一つにまとめ、自分たちの思うように支配しようと考えている白人グループということになります。

歴史的に見ますと、その世界支配層の手先たちが有色人種の住む土地を植民地として支配し、住民を皆殺しにしたり、奴隷として連行して搾取を続けてきました。しかしながら、歴史は勝者が編纂しますので、「皆殺し」の実態が勝者の歴史に綴られることはありません。それでも、わずかに生き延びた人たちが子々孫々に言い伝えてきたことで、真実の歴史が明らかになっているのです。

肌の色が違うというだけで、平和に暮らしている民族に「未開の人」というレッテルを貼り、その文化を破壊しつくしてきたのが西洋（白人）で、アメリカのやり方がその代表的な例と言えるでしょう。６００万人とも１０００万人以上いたともいわれる先住民のアメリカ・インディアンを殺し尽くし、ハワイ王国を乗っ取り、フィリピンを植民地にして搾取し、日本を謀略によって戦争に引きずり込んで、民家を焼夷弾で焼き尽くし、最後には原爆の威力を試すために2種類の原爆を続けて投下して市民を虐殺し、戦後もベトナムで戦争を起こし、空爆によってたくさんの街や村を住民ごと焼き払ってきた国です。その国を裏から操っている世界支配層こそ、白人以外の民族を虫けらのように殺処分してきた悪魔的人種なのです。

日本は戦争には敗れはしましたが、植民地となっていたアジアの人たちを助けて、白人たちをアジアから追い出したのです。彼らにとって日本人は憎んでも余りある民族ということになります。ですから、そのアジア民族の救世主とも言える日本を逆に戦争犯罪人に仕立て上げ、世界中で「日本を憎め」キャンペーンを展開しながら、同じ黄色人種の中国や韓国を使って嫌がらせを続けているというのが真実です。中国と韓国を除くアジアの国々は、日本の兵隊が白人をアジアから追い出したことを先祖から聞かされて知っているため、今でも親日的な国が多いのです。

ところが、アメリカに占領され、真実を伝えることを規制された日本の教育界とマスコミは、戦後一貫して「日本は戦争犯罪を犯した」と自虐的な教育と報道で国民を洗脳してきました。いまでは、そのような間違った戦後教育を受け、マスコミに洗脳されて育った人たちが社会の中枢を占めるようになり、日本人が自ら「私たちはアジアの国々を侵略しました。ごめんなさい」と詫びる始末です。その姿を見て、白人の住む国の奥の院に鎮座している「我善し」の人物たちは笑い転げていることでしょう。

このように、有色人種同士を仲違いさせて、共倒れにさせるというのが彼らのやり方なのです。幕末に、幕府側にはフランスがつき、薩長側にはイギリスがついて、日本人同士の殺し合いをさせようとしたのとまったく同じ手口です。中国や韓国の中にも真実を知る人はいたはずですが、それを口に出すと一斉にバッシングをされるため、いつしか嘘の歴史が真実と思われるようになってしまいました。

しかしながら、日本には「お天道様が見てござる」という格言があり、また中国にも「天網恢々疎にして漏らさず」という言葉があります。彼ら白人の悪行は天の蔵にきっちりと記録され、やがて彼らの上に何倍にもなって還っていく日が近づいているのです。それがこの世の終わり、つまり終末なのです。彼らはおそらくそういうカルマの法則を知っているため、最後の悪あがきをしているものと思われます。世界中の多くの人を「恐怖心」で釘付けにして、彼らが住むことになるおぞましい世界への道連れにしようと考えているのです。

終末の時代に身魂磨きが必要とされる理由

人生の目的は決して現界の幸福と歓楽を味わうのみでない。すべての人間は幸福および歓楽のみに執着して苦悩と災厄を免れんとのみ焦慮し、自愛的方面に熱中しておるようだ。しかし神様が人間を世界に創造したもうた使命は、決して人間が現界における生涯の安逸を許らしむるごとき浅薄なものではない。

——出口王仁三郎の『霊界物語』第五六巻「総説」

「身魂」の「身」は、話したり、食べたり、歩いたり、「肉体」を使って行なうことすべてです。「魂」は「心」の働きです。喜んだり、悲しんだり、恐れたり、憎んだり、感謝したりといった心の働き全般を差しています。ただ、「心」には、本人が認識できる「顕在意識（表層意識）」と、普通は認識することがない「潜在意識（無意識）」があります。同じような心の使い方をしていると、それが「心の癖」となり、潜在意識に刻まれます。これを仏教では「岩に書いた文字」という言葉で表現しています。善くない心の使い方を繰り返していると、それは善くない心の癖となり、潜在意識に蓄積されて、簡単には修正できない「カルマ」となっていくのです。

ですから、身魂磨きとは、「善くない心の癖を修正して、善い心の使い方を習得するための訓練」ということが言えます。人生の目的は、「幸福や歓楽に執着して、苦悩と災厄を免れようと努力することにあるのではない」ということです。楽な人生、幸せな人生を追い求める心では、魂の進化は得られないからです。

身魂磨きを実践するためには、私たちの潜在意識に刻まれた「心の癖」がどのようなものかを知ることが必要です。その上で、善くない心の癖があれば、それを改める努力をすぐに始めることが大切です。「善いと思うことをすぐに始めるのが身魂磨きだ」と「日月神示」の神様もおっしゃっています。

具体的には、仏教で教えている「身・口・意（神示では口・心・行）」を正しく使うということが身魂磨きの要諦と言ってよいでしょう。「身」は行為、態度、「口」は言葉、「意」は気持ち、想念のことです。

私たちの運命を左右するのは「現在の身・口・意」と「その身・口・意によって潜在意識に刻んだ心の癖」の二つです。このうち「現在の身・口・意」が運命に影響を与えてくるのは少し先のことですので、私たちの現在の運命に影響を与えているのは「潜在意識に刻んだ心の癖」ということになります。

この「潜在意識に刻んだ心の癖」がカルマです。カルマの元（原因）は「身・口・意」ということですから、私たちが現在の自分の運命を善い方向に変えようと思うならば、「身・口・意」を良くすると同時に、「潜在意識に刻んだ心の癖」を修正しなくてはいけないのです。新たに善くないカルマをつくらず、すでに天の蔵に積み上げてしまった善くないカルマをなくしていくことが必要になってきます。

そして、終末の時代を迎えている今、その善くないカルマを一掃するための時間はあまり残されていません。「大本神諭」や「日月神示」の神様が「身魂磨きを急げ」と口を酸っぱくして警鐘を鳴らしておられるのはそのためです。

ということで、身魂磨きとは「ふだんの身・口・意」を正しくし、「天の蔵に積んだ善くないカルマを清算する（借銭済まし）」ことだと理解してください。

つぎに「清算する」方法ですが、それには「この人生での体験を通して、自分の弱点に気づく」ことが必要となります。自分のこれまでの「身・口・意」の使い方の間違いに気づき、反省し、改めることがなければ、善くないカルマの在庫は減らないのです。人によって在庫しているカルマの種類も量も違いますから、一度の体験で清算できる人もいれば、何回かに分割して消化しないといけない人もいるでしょう。後者の場合は「心を痛める出来事」が次から次に押し寄せる、という形をとります。

神様は、人が背負いきれないほどの荷物は（一度には）与えないと言われていますから、小分けして背負うことができる代わりに、次々と連続的にカルマの清算が求められることになるのです。たとえば、それが病気という形で表面化するならば、一つの病気が治ったらまた次の病気になり、自分が健康ならば家族が深刻な病気になるといったように、とにかく心を痛める出来事が相次ぐということです。

そして、そのような一見不幸な出来事によって心を曇らせると、そこでまた新たな善くないカルマを積み上げることになり、天の蔵のカルマ在庫は減ることがないのです。最後は、「一度にどっと現れる」という形で、背負いきれない荷物をまとめて背負わざるを得なくなります。ですから、「土壇場になって助けてくれと泣きついてきても助けることはできないぞ。それは自分の心の問題だからだ」と「大本神諭」の神様はおっしゃっているのです。

カルマの法則が人に身魂磨きを促している

このように、身魂磨きを促すための神様の配慮というべき法則がカルマの法則なのです。別の言葉でいうなら「気づかせる力の法則」と言ってもよいでしょう。ルールは非常に簡単で、新約聖書では「自分が蒔いた種はぜんぶ自分で刈り取る（収穫する）ことになる」と表現しています。仏教ではカルマのことを「業」と表現し、その働きを「自業自得」と呼んでいます。つまり、自分のつくった「業（カルマ）」は自分が得る（受け取る）というシンプルなルールなのです。

最近では「原因と結果の法則」と表現する人もいますが、もともと仏教でも「因果応報」という形で「原因（因）・結果（果）」という言葉を使っていることでわかる通り、別に新しい法則が見つかったわけではありません。「自分がつくった原因（因）に応じて結果（果）が報いる」というカルマの法則は大昔から知られているのです。

ところが、「原因をつくる」ということがどういうことなのかが十分に理解されていないため、人は無意識のうちに「善くない種」を蒔いて、「食べたくない果実」を収穫させられることが多いのです。仏教では「善因善果、悪因悪果」という言葉で、「善い原因には善い結果、悪い原因には悪い結果があるよ」と教えています。

私がカルマの法則を「気づかせる力の法則」と呼び替えましたのは、カルマには「人に気づきを与え、進化を促す」という働きがあるからです。「第四章／カルマ編」で、カルマをボールに喩えて考えました。自分が投げたボールがやがてブーメランのように自分のところに返ってくるというのがカルマの法則です。善くないカルマを黒いボール、善いカルマを白いボールとしますと、私たちは日々の生活の中で、黒に近い灰色や白に近い灰色のボールを投げていると思われます。黒に近い灰色のボールは、異次元（天の蔵）では黒い塊となって、この世界に返って来るときは、投げた本人が心を痛めるような悲惨な運命を連れてくるのです。

それではこれから具体的な身魂磨きの方法について説明してまいります。まず、次のような整理をしたいと思います。終末における身魂磨きは、善くないカルマを一掃し、善いカルマ作りを積極的に進めるのが目的です。そのために、身魂磨きの実践項目を二つに分類して説明します。まず「善くないカルマの在庫を一掃する」項目から。

① 天の蔵に積んでしまった善くないカルマの在庫を一掃する。（借銭済まし）

時間の渦が中心点に近づくにつれ、現人類が天の蔵に積み上げてきたゴミ（善くないカルマ）がこの世界に形となって現れるスピードが速くなりますので、個人にとっても社会にとっても国にとっても、そして世界の人々にとっても、心を痛めるような出来事が次々と襲いかかってくることになります。

日本の国の善くないカルマは、いま世界支配層が計画している人工地震・津波テロと、それに続く中国の武装難民による略奪等によって一掃されることになると思われます。私たちは、そのような一連の善くないカルマの大掃除現象を、恐れることなく、悲しむことなく、冷静に受け止めることが大切です。恐怖心や怒り、憎しみの「身・口・意」を発信することによって、新たな善くないカルマを積み上げれば、世の中の混乱はさらに深まっていくからです。

それでは最初に、自分がどのような善くないカルマを天の蔵に積み上げているかを知って、そのカルマが現象化する前に解消をはかる方法をご説明します。いわば善くないカルマの先食いともいうべき方法です。

■これまでの人生に登場した嫌な人の顔を思い浮かべて、お礼を言いましょう。

子供時代からの過去を振り返り、記憶に残っている出来事と、その時々の登場人物の顔を思い浮かべてみてください。仲の良かった友達、喧嘩をした友達、大好きだった先生、自分をいじめた嫌な先輩など。その中に、顔も思い出したくないほど腹立たしい人はいませんか。「あの人だけは許せない」と、未だに怨みに思っている人がいれば、あなたの潜在意識には善くないカルマが大量に蓄積されており、今もなおその在庫を増やしていると思って間違いありません。

すでにその人と顔を合わせることがなくても、潜在意識はあなたが「もうこれで終わり」という新たな命令をくださない限り、一度癖をつけられた命令をいつまでも守り、その心の癖を強化していくのです。もしそのような人がいれば、すぐにその人を赦してください。

「赦す」の反対は「裁く」です。あなたがその人を赦さなければ、心の中で裁いている（断罪している）ことになります。そして、裁く人は裁かれるのです。それが善くないことなのです。「第四章／カルマ編」で「丑の刻参り」の例を紹介しましたが、呪って人の命を狙うことに比べれば程度は軽いにしても、カルマの働く原理は同じです。新約聖書でも、「人を赦さなければ、天の父もあなたを赦されないだろう」ということがイエスの言葉として述べられていました。「裁いてはいけない。自分が（神から）裁かれないためである」と。

「赦す」という第一段階が済んだならば、次は「詫びる」のです。何を詫びるのかと思われるでしょう。これまで潜在意識の中で裁き続けたことを詫びるのです。無意識ではあっても、相手を傷つける矢を放ち続けていたわけですから、その同じ矢がカルマの働きによって自分に向けられないようにするためには、しっかり詫びておく必要があります。

かなりの年月が過ぎてすでに思い出のフィールドの落ち葉の下に隠れてしまっていたとしても、その落ち葉をかき分けてみるとやはり不愉快な姿で現れてくるわけですから、その間に膨大な「善くないカルマ」が蓄積されているのは間違いないのです。途中で自分の運命にマイナスの作用をする形で少しはそのカルマを消化してきたとしても、いまなお天の蔵にはたくさんのカルマが積まれていると考えるべきでしょう。「岩に書いた文字」となっているのです。

最後にさらにもう一段階、努力していただく必要があります。それは「お礼を言う」ことです。自分を不愉快な気持ちにさせた相手に対して、とてもお礼など言えないのが普通でしょうが、それでも、相手の行為には、あなたに何らかの気づきを与える働きがあったはずです。いま冷静な気持ちでそのときの情景を振り返ってみれば、自分の弱点を教える働きが見つかるに違いありません。その弱点に気づくことができれば、残っている善くないカルマの在庫は一掃されるでしょう。いくらかは「小難」という形で身に降りかかるとは思いますが。

■思い出したくない嫌な出来事を思い浮かべて、お礼を言いましょう。

失敗したり、恥ずかしい思いをしたり、願いが叶わないといった、もう思い出したくもない出来事はありませんか。悲しかったこと、辛かったこと、苦しかったこと、残念で後悔するような過去の出来事があれば、もう一度思い出のテーブルの上に登場させて、再点検してみましょう。

その嫌な出来事の原因はあなたですか、それとも避けがたい状況だったのでしょうか。誰のせいにもできなくて、自分を責めたり、自分の不運を嘆きたくなるような過去の出来事があるならば、間違いなく天の蔵に善くないカルマを積み上げています。

もしそれが仕事上の失敗であれば、そのカルマは場所や立場は変わっても、似たような仕事の失敗という形であなたの人生にたびたび登場しているはずです。例えば職場の人間関係がうまくいかなくて仕事を変わっても、新しい職場でまた同じような人間関係で悩む人が多いのは、善くないカルマを引きずっているからです。職場を変わるごとに人間関係の悩みを引き寄せ、そのたびに天の蔵にカルマを積み上げていくということを繰り返すのです。この悪循環を断ち切る方法も前項と同じです。人を赦すのと同じように、過去の嬉しくない出来事を赦し、お礼を言うのです。

お礼を言う理由は、その出来事はあなたの身魂の弱点を気づかせ、努力の方向を示唆しているからです。人間関係のもつれや仕事上のトラブルは、必ずあなた自身のカルマすなわち「心の癖」が作用しています。不満癖、批判癖、自慢癖、いらだち癖、人を見下す癖、得をしようとする癖、自分の手を汚したがらない性格、などの弱点がないかどうか、じっくり点検してみてください。人や環境はそれに気づくようにと教えてくれているのです。

■ 逆境（不運な出来事）を楽しみましょう。

個人の善くないカルマが形をとるときは、この世界では病気や事故、仕事の失敗、人間関係のもつれなど、不運と思える出来事、嬉しくない出来事となって現象化します。「その人の弱点に気づかせる」というカルマの法則が働くからです。

自分に降りかかった不運な出来事に反応して、不満に思ったり、怒ったり、悲しんだりすると、再び同じような善くないカルマを天の蔵に積み上げることになります。そのカルマは繰り返し形をとって降りかかってきますので、善くないカルマが循環していくのです。どこかで悪い流れを断ち切るには、自分に降りかかる不運な出来事が何を気づかせようとしているのかを考え、決して不満に思わないことです。特に、他の人と比較して「自分はなぜ運が悪いのか」という考え方をすることはよくありません。人それぞれにカルマの種類も違いますし、その表れ方も違うからです。荷物をたくさん背負うだけの体力（生きる力）がある人には、一度にたくさんのカルマの在庫を背負わされますが、そういう人は、「これで在庫が減った」と考えればよいのです。そして、新たなカルマの在庫を増やさないためにも、現在の境遇に不満な気持ちを持たないことです。

要するに、不運な出来事に遭遇した時は「すべて自分の進化のために必要なことが起こっているのだ」と考えることが大切です。そのように対処していると、不運な出来事の意味、すなわち何を気づかせようとしているのかということが必ずわかる時が来ます。

■肉を食べる習慣をやめましょう。

戦後、医学が進歩したにもかかわらず、病気または病気予備軍としての日本人の数は増える一方です。その原因が日本人の食生活の変化にあることはすでに明らかになっていますが、いまや肉の生産者も病院も薬品メーカーも、そのことで成り立つ社会構造になってしまいましたので、たとえ肉食が人の健康にとって悪いとわかっていても、もはや国を挙げて肉食を中止することはできないでしょう。私も、ここで健康の観点から肉食をやめましょうと言っているわけではありません。

肉食は人の魂を動物的波長にしていくことが問題なのです。結果として、善くないカルマを積み上げることになると思うからです。動物は生存本能がありますから、基本的には「我善し」です。そうでなければ種は維持できないのです。自分たちの種を守るため、防衛本能（恐怖心と攻撃心）が磨かれています。それはすなわち「我善し」の波長なのです。それでも、いま終末の時代に、動物のような生き方でもかまわないという人は、肉食をやめる必要はないでしょう。

そもそも世界支配層は、私たち人類を扱いやすい家畜と扱いにくい家畜に分け、扱いにくい家畜はこれから殺処分していこうと考えているわけですから、家畜のように飼われることに抵抗感がなければ、世界支配層についていく人がいてもおかしくはありません。しかし、それは動物的生き方に近づくということで、人の魂の進化とは逆方向です。

肉食を続けている人は、大なり小なり肉食動物の持つ性格を帯びていきます。今日的な言葉では

「キレやすくなる」ということです。また、自己防衛本能が強くなるため、敵味方を分ける習性が身につき、自分のグループ以外の人には冷たい人が多くなります。また、お金持ちや肩書きのある人には媚び、自分よりも目下の人に対しては偉そうに振る舞う傾向が強くなるのです。動物が、自分より強いかどうかを判断して、攻撃したり、逃げたりするのと同じです。

ただし、肉食動物は残酷なように見えますが、餌となる草食動物の異常繁殖を抑え、自然界の秩序を守る働きをしているのです。彼らは自らの空腹を満たす以上に餌となる草食動物を殺すことはしないからです。

それに比べますと、西洋文明を世界中に広げてきた世界支配層は、アメリカ大陸をはじめアジア、アフリカの民族の大虐殺を繰り返してきました。まさに肉食動物もビックリするような動物的波長です。いま日本が彼らの策謀によって侵略国呼ばわりをされていますが、戦前の日本人であれば決して彼らのような残酷で卑怯なことはしなかったはずです。

また西洋文明は、人間中心主義と科学万能主義で自然界を征服しようとして自然破壊を続けてきました。そのような「我善し」の西洋文明が、そろそろ臨終を迎えつつあるのです。そういう意味では、彼らが終末の到来を早めてくれたと言うこともできます。

日本の神示は「日本人に肉食《にくじき》はならぬ」と厳しく戒めています。しかも、肉食を続けていると、終末の食料危機のなかでは「共食い（人間が人間の肉を食べる）になるぞ」とまで警告しておられるのです。終末における「身魂磨き」の大切なポイントの一つと言えるでしょう。

それでは、次は「天の蔵に善いカルマ貯金をする」項目です。

②天の蔵に善いカルマの在庫を増やす。（善のカルマ貯金）

善のカルマを増やすキーワードは「与える」ということになります。新約聖書の中でも「与えなさい。そうすればあなたも与えられるでしょう」というカルマの法則が述べられています。大切なことは、誰に（どんな相手に）、何を与えたらよいのかということです。

■あなたの持つ「価値あるもの」を世の中に与えましょう。

「価値あるもの」とは何でしょうか。他の人が喜ぶものです。もちろん、与える対象は「人」だけとは限りません。植物を含め、生きとし生けるものに、あなたは与えることができるはずです。「価値あるもの」と言われて、すぐに「お金」を思い浮かべる人は、これからの世の中では通用しなくなります。お金以外のもので、あなたが与えられるものとして何があるか考えることから始めてください。あなたがもらって嬉しいと感じるものです。カルマの法則を生かすならば、「自分が人にしてほしいと思うことを、人にもしてあげなさい」ということになります。

仏教では、「無財の七施」という教えがあります。「施す」とは「与える」こと、「財」はお金ですから、「お金以外のもので与えて喜ばれる七つのもの」という意味です。「やさしい言葉」「にこやかな笑顔」「席を譲ること」「優しい心配り」などがあげられています。

まずは人と出会ったときの「にこやかな笑顔と挨拶」から実践してはいかがでしょうか。人の心を温かくするような素晴らしい挨拶ができれば、天の蔵にたくさんの善いカルマが積み上げられ、それは日本人全体の善いカルマとなって、この国の進化にも貢献していくことになります。もちろん、この国のことだけを考えるのでなく、世界の他の国の人たちのことを考えていろいろと行動することはさらに価値のあることです。

ただし、自分が与えたことを人に知られたいと思ったり、自慢したり、心の中で満足感に浸っているようでは、天の蔵の善いカルマは増えていかないのです。各神示も新約聖書も、「人に知られずに善いことをしなさい」と教えていました。せっかくの善き行為が無駄にならないように注意しなくてはいけません。

■善いと思ったことは、すぐ実行に移しましょう。

あなたが善いカルマ作りに努め、身魂が磨かれてくると、やりたいことが次々とひらめくようになります。それは、異次元の善き世界と波長が合い始めた証拠です。たとえば異次元からいつもあなたを見守り、魂の進化を促している霊的存在（守護霊など）から、「ふと思う」形でメッセージが届くようになります。その時、ふと思った善いことをすぐに実行に移すことが大切です。「日月神示」の神様が、「善いと思ったことをすぐにやるのが身魂磨きぞ」とおっしゃっているのはそのためです。もし、すぐに実行せずに先送りしてしまうと、いつしか先送りをする心の癖がついてしまうのです。そうなると、異次元とのパイプが詰まってきて、次から善いひらめきが届かなくなります。親の言うことを聞かない子供になってしまうと、もう教育の施しようがなくなるのと同じです。素直に「はい」と言って実行する子供は、だんだんと親が望むような人に育っていきます。また、悪い友達から誘惑されることもなくなります。こうして、「いい子」と「悪い子」が分かれていくように、これから人の二極分化がさらに進んでいくことになるのです。

■失ったら困るものに対して一つひとつお礼を言いましょう。

この終末の時代に失うことになると思われるものはたくさんあります。地震や津波の被害に遭えば、生活のインフラが破壊されますので、一時的にせよ水や食料が手に入らない事態も覚悟しておく必要があるでしょう。阪神・淡路大震災の時は、水の大切さを思い知らされました。特に、久しぶりに温かいお風呂につかることができたときの幸せな気持ちは今でも忘れられません。

それでも、震災から20年を経過した今、はたしてどれだけの人が水や食べ物の大切さを心に留めているでしょうか。そして、日頃から水や食べ物に感謝の気持ちを持ち続けているでしょうか。

のど元過ぎれば熱さを忘れるという通り、水の価値を水道料金に換算している人も多いのではないかと思います。ふだん水を粗末に扱っている人には「水の大切さ」を気づかせる状況がかならず訪れます。古来、日本人は水には水神様が宿っていると考えて、決して粗末にはしなかったのです。

水は一例ですが、身の回りにある「失ったら困るもの」を日頃から大切にする習慣を取り戻しておくことが大切です。これから失う可能性が高いもので、私たちが「あって当然」と考え、ふだんから感謝の気持ちを持つこともなかった最大のもの――それはこの日本という国です。この21世紀になって、私たちは2000年以上も続いた歴史ある国を失う経験をさせられようしているのです。もちろん、日中韓をひとつにまとめた「東アジア共和国」といった新しい国を持つことになるのかもしれませんが、今までとは随分勝手の違った生活を強いられることになるのは避けられません。なにしろ現在の中国共産党が主導する一党独裁の政治になるのですから。その時に、「日本が独立している時はよかったなぁ」と嘆いても後の祭りです。

今のうちに、先人が作ってきたこの日本の伝統や文化の素晴らしさを一つひとつ再確認し、感謝の気持ちを表しておきたいと思います。「失う前にその価値を認め、お礼を言う」ことは、天の蔵に善いカルマを積むことになるでしょう。

お金に執着する気持ちをなくしていくことが身魂磨き

次に改めないといけないのは「拝金主義」です。「お金第一主義」と言ってもよいでしょう。

お金は「現世利益」の象徴と言えるものですから、お金に執着していると身魂磨きはできないのです。ただし、お金そのものに罪があるのではなく、そのお金を何のために得ようとしているのか、またどういう手段で得ようとしているか、が問われるのです。

今日では、企業も簡単に人員整理をするようになり、その裏返しとして、働く側もできるだけ安定的にお金が稼げるかどうかが職業選択の基準になりつつあります。公務員の仕事に人気があるのはそのためでしょう。「仕事を通じて社会に貢献したい」というよりも、まずは安定した生活の手段を確保したいと考えて職業を選ぶ人が多くなっているのが実情です。

それは、多くの人が「お金さえあれば幸せになれる（お金がなければ幸せになれない）」と考えるようになっていることの表れです。日本がこのような「お金第一」の社会になってしまうことは、「大本神諭」の中に警告として繰り返し述べられています。以下に『大本神諭・火の巻』から、関係深い一節をご紹介しておきましょう。（原文を現代仮名づかいに改めました）

一も金《かね》、二も金と申して、金でなければ世が治まらん、人の命は保てんように取り違いしたり、人の国であろうが、人の物であろうが、すきさえあれば盗ることを考えたり、学さえあれば世界は自由自在になるように思うて、畜生の国の学に深くはまり、女と見れば何人でも手にかけ、妾や足かけをたくさんに抱えて、開けた人民のやり方と考えたり、他人はどんな難儀をいたしておりても、見て見んふりをいたして、我が身さえ都合が善ければよいと申して、日本魂の種を外国に引き抜かれてしもうて、国のこと一つも思わず、外国に国を奪われても別に何とも思わず、心配もいたさぬ腰抜け人民ばかりで、この先はどうして世が立ちていくと思うているか、わからんと申してもあんまりであるぞよ。（大本神諭）

ここでも「外国に国を奪われる」という表現が出てきます。まさに今日の日本の状況を言い当てているかのような内容です。「大本神諭」の神様は、これから訪れる地球全体の異変を前にして、世界のひな型としての日本の国民が外国（西欧）の影響であまりにも堕落してしまっていることに警鐘を鳴らしておられるのです。

お足がないと幸せになれない？

それでは、終末期における「お金」の問題について考えてみましょう。

最初に、私が大変気に入っている寓話をご紹介したいと思います。主人公はキリギリスです。私が小学生時代に授業の一環として教室で鑑賞したもので、なぜかストーリーだけはハッキリ覚えているのです。映画のタイトルは記憶にないのですが、原作者もわからず確かめるすべがありませんので、とりあえず「足をなくしたキリギリス」としておきます。

■ 足をなくしたキリギリス

台風の夜、キリギリスは風に吹き飛ばされて後ろ足を1本なくしてしまいました。足は風がどこかに運んで行きました。

片足がなくなったキリギリスは自慢のジャンプができなくなったのです。それを悲しんでしくしく泣きながら、杖をついて、片方の足を引きずりながら歩いていますと、ある日、道のそばに立っているお地蔵さまに出会いました。

お地蔵さまはキリギリスに「あなたの足は西の方角に飛ばされていきましたよ」と教えてくれました。喜んだキリギリスは不自由な足で西へ西へと向かいます。雨の日も風の日も休むことなく、お地蔵さまの言われた方角へと歩いていきました。

何日歩いたことでしょう。いくら探しても足は見つかりませんでした。

キリギリスはすっかり疲れて、痛む片足をなでながら歩いていました。

すると、またお地蔵さまに出会いました。お地蔵さまは「残念でしたね。あなたの足は今度は南の方角に飛んで行きましたよ」と教えてくれました。

キリギリスは再び元気を取り戻して、今度は南へ向かって歩き始めます。

足は痛みますが、片足歩きにも大分慣れてきて、ずいぶんと速く歩けるようになっていました。

ところが、いくら南の方角を探しても、やはり足は見つからなかったのです。

そうやって毎日毎日足探しの旅を続けているうちに、またお地蔵さまに出会いました。ついにキリギリスはお地蔵さまに向かって怒りを爆発させます。「あなたは嘘つきだ。もうだまされないぞ」と。怒りの気持ちを鎮めることができないキリギリスに、お地蔵さまはニコニコと笑いながら語りかけました。

「嘘はついていませんよ。あなたが探していたのは歩く力、自由に飛び跳ねる力だったのではないのですか。片方の足はなくても、今では前よりもずっと元気に跳べるようになっているではないですか」

「あっ」と、キリギリスは叫びます。そうでした。旅を続けているうちに、キリギリスはいつの間にか両足のとき以上のジャンプ力を身につけていたのです。

「お地蔵さま、……ありがとうございます」

キリギリスは目に涙を浮かべながらお地蔵さまに向かって深々と頭を下げ、それから嬉しそうに何度も何度も飛び跳ねていました。（パチパチパチパチ……）

世界経済の崩壊は「お金万能社会」が終焉する姿

〝ゼニウイルス〟に侵され「拝金主義」に陥ってしまった最近の日本人は、この物語のキリギリスのように、「お足がないと歩けない（お金がないと幸せな暮らしができない）」と考えて生きる人が多くなっているように見受けられます。しかしながら、そのような考えからは卒業しないといけない時期が来ているのです。まだ卒業できていない人の身辺には、これからそのことに気づかせるような出来事が一度に降りかかってくるでしょう。

キリギリスに対する「お地蔵さま」の役として、神さま（「宇宙の法則」としての絶対神）の温かく、そして厳しい働きかけがなされることになります。コツコツと貯めてきたなけなしのお金が一瞬にして紙くずとなり、明日からの生活をどうしたらよいかと頭を悩ませる事態を体験することになるのです。

生まれた時から豊かな生活に慣らされてきた人たちは、初めて体験する極貧の状態は耐えられない苦痛を伴うものになるでしょう。１９２９年以来となる世界大恐慌は、今の日本人は誰も経験したことがないのですから、その震源地となる日本の悲惨さは想像することができないような悲惨なものになるはずです。

そのひな型となる現象は、かつてわが国が体験したバブル経済の崩壊です。あのときに全財産を失ったり、大きな借金を抱え込むことになった人がたくさん出現しましたが、そのことから学んで本当の気づきを得た人と、ますますお金の魔力にとりつかれてしまう人とに分かれました。

これから終末までに起こるカタストロフィー（破局）は、あのバブル経済の崩壊を世界規模に広げ、より凄まじい崩壊現象を引き起こすことになります。

それでも、東日本大震災による首都崩壊が〝不発〟に終わったため、私たち日本国民にまだ心の準備をする時間が残されたのは幸運でした。といっても、もう残された時間はあまりありません。

政府に関係する地震学者が、２０２０年までに東京直下地震の起きる確率は１００パーセントだと警鐘を鳴らしてくれているのですから、この国の寿命もあと数年です。

アメリカ（を裏から支配する層）が人工地震・津波兵器を使って日本に仕掛ける民族大虐殺テロは、必ず世界大恐慌を引き起こします。彼らはそのために「日本丸」を沈没させるのですから、それは確実です。地震や津波で大混乱の日本に世界大恐慌の荒波まで襲いかかることになり、最悪の場合は中国から大量の武装難民が押し寄せ、国土も社会のインフラも破壊されることを覚悟しておく必要があります。そういう事態になれば、お金はまったく役に立ちません。お金をたくさん稼いでいる人がすぐれた人であるかのようにもてはやされてきた日本は、まさに拝金主義社会と呼ぶべきもので、これから始まる終末のカタストロフィーの中で、音を立てて崩壊していくでしょう。そのことが「日月神示」には、「金で治めて、金で潰す」とハッキリ述べられています。

極限の状況で心の渇きを癒やしてくれるのは、お金よりも一杯の水や一個のおにぎり、そして何よりも同じ日本人同士が助け合い、いたわり合い、励まし合う姿であることに気づかされる時が、もうそこまで来ているのです。

自分に宿る神の力を信じ、決して恐れないこと

さて、キリギリスはなくした足を求めて旅に出たのでした。最後まで足は見つかりませんでしたが、足を失う前よりも立派な「歩く能力」を身につけました。その能力（の芽）は最初から自分の

中に備わっていたのです。キリギリスは、その能力が失った足の中にあると思って、その足を探しに旅に出たのでした。

それは私たちが、自分を幸せにする力はお金の中にあると思って、お金さがしの旅を続けているのとよく似ています。そのことが間違いであることに、もうそろそろ気づかないといけない時期が来ています。

神が導こうとする方向はまさにこの一点であると言ってもよいでしょう。つまり、「幸せを作り出す能力の芽は、私たち自身の中に最初から具わっている」ということです。

いささか宗教的な言い方になりますが、別の言葉で言えば、「人間は神の子である」ということになります。神の分身として、神と同等の力が潜在的に備わっているのです。

そのことを意味すると思われる次のような話が、法華経の「五百弟子授記品」の中に「衣珠《いしゅ》の喩《たとえ》」として出ています。以下はその要約です。

親友の家を訪ねた男性が、歓待を受け、酔いしれて眠ってしまいます。親友は出かけないといけない用事があるので、この男性の衣服の中に大変高価な宝玉を縫い込んで出かけます。目が覚めた男性は、親友がいないのでその家を去り、他国を放浪するうちに落ちぶれて食べるものにも事欠くようになりますが、あまり気にするようでもありません。

ある日、この男性は、その衣服に宝玉を縫い込んだ親友と再会します。親友は落ちぶれた男性を

見て、「君には十分に安楽に暮らせるだけの宝玉を与えていたのに、どうして使わないのか」と諭します。

この「親友」を「神さま」と置き換えて考えてみてください。神さまが一人ひとりの人間に素晴らしい力を与えているのに、人はそのことに気がつかず、力は外にあるものと考え、ある人は宗教に走り、ある人はお金を絶対の価値として、自分の身を守るためにせっせと蓄財しています。その行為はまさに、「私には力はない」と宣言しているようなものです。

いま、「世の終わり」を迎えつつある私たちは、「神の子として、自分の中に神様と同等の力が備わっている」ということに気づくことが必要なのです。そして、より神らしく振る舞えるように自分を磨いていくことです。終末は私たち人類にそのことを促す一大イベントと言えるでしょう。それがわかれば、お金はなくても何も心配は要らないのです。心の奥底からそのことを信じ、自分にできる最大限の努力をしたあとは、文字通り「運を天に任せて」すなわちすべてを神さまに託して、心やすらかに粛々と終末の大峠を乗り越えましょう。

自分に宿る神の力を全面的に信じきること。これこそが終末の時代を強く生きるための唯一の処方箋なのです。

エピローグ

もういちど、日本

放送局の名称に国名を使っているＮＨＫの中立性がいろいろと問題になっています。確かに、社会的影響力の大きいＮＨＫが、戦時中のように政府のコントロール下に置かれることは望ましいことではありません。しかし最近のＮＨＫは、むしろ特定の他の国の影響を受けることが多いところに問題があると思います。戦後のＮＨＫはＧＨＱの洗脳道具として活用されましたが、その後、関係者の努力もあって国民を鼓舞する放送にも力を入れてきたと思います。政治色のないジャンルでは優れた番組が多く見られます。

民放と違って広告収入に依存していませんので、スポンサーに気兼ねすることなく、また視聴率を気にせずに、大事な企画に思い切ってお金を使い、優れた番組を作ってきたと言えるでしょう。国の内外から圧力を受けながらも、立派な番組制作者がいることを心強く思います。終戦記念番組で戦時中のアメリカの人工地震攻撃をとり上げた職員は、自宅で夫婦ともに不審死させられましたが、日本国民に真相を伝えようとした心意気には深く感謝したいと思います。

最近では、日本の自然や文化、人々の生活の営みなどをテーマとした番組に出色の出来映えのものを見かけます。忘れ去られようとしている日本らしさを掘り起こす視点の確かさには感心させられます。そんな中に、タイトルにずばり国名を織り込んだ「もういちど、日本」という番組があります。私も録画して見ていますが、毎回のように感動させられます。

ただ、タイトルはなんとも意味深です。「もういちど」とは、そのものがなくなったときに使う言葉だからです。深読みするならば、世界支配層の日本沈没計画を知らされている人物が、良き日本の姿を留めておこうと考えて番組制作者に企画を持ちかけたのではないかとさえ思えます。

まもなくこの国が直面すると思われる事態は、国土や都市の破壊はもちろん、神社仏閣をはじめとする日本固有の文化や生活様式をも根こそぎ破壊し尽くす可能性が高いでしょう。なぜなら、それこそがアメリカ（を裏から支配する層）の望んでいることだからです。彼らの力をもってすればこの国を破産させるくらい簡単なことなのに、それで済ませることなく、アジアの他の国を使ってこの国を蹂躙し、国土から日本らしさを一掃しようと考えているのです。日本の神示をじっくりと読み返すなかで、彼らの魂胆が見事に言い当てられていることを知り、驚かされました。

いまメディアを通して世界を知る機会も多くなっています。それとともに、世界の国々との比較の中でこの国の形がはっきりと見えるようになってきました。この国の際だった特徴のようなもの、最も日本らしい形が見えてきたような気がします。

それは、本来の日本人が生まれながらに身につけている特質が創り出すものです。誠実さ、優しさ、無私、といった国民性は、反日日本人以外の誰もが内に秘めていると思われます。

いま、お金と情報の力で世界を統一しようという計画を持つ勢力が、その仕上げに入りつつあると見られます。その計画の内容を本書で明らかにしてきました。幕末から続く歴史のなかで彼らに抵抗してきた先達に対しては、心からの尊敬の念を禁じ得ません。

日本を狙っている連中にとっては、自分たちと対極にいるこの国の形は受け入れられないものでしょう。私たち日本人も、「我善し」という独善が生み出す世界秩序に夢を託すことはできそうにありません。日本人は日本人らしく、最後まで日本人として、この国を愛し、この国を形作ってきた多くの先人の働きに感謝し、そして、この国に宿る魂を畏敬しつつ、粛々と明日への一歩を踏み出して行きたいと思います。

最後に、私の好きな俳句を紹介します。

浜までは　海女も蓑着る　時雨かな　　瓢水

しとしとと降り注ぐ雨の中、浜へと急ぐ海女の背中に雨から身を守る蓑が掛けられています。海に潜れば濡れるとわかっていても、浜に着くまではちゃんと体をいたわるその気持ち、命を尊ぶその心に学びたいものです。

この国の栄光と苦難の歴史をいつまでも記憶にとどめつつ、この素晴らしい国に深い感謝の気持ちを捧げたいと思います。もういちど、日本。

〈著者紹介〉

なわ　ふみひと

1946年生まれ。ペンネームは「縄文人」を訓読したもの。流通小売業で44年間働き、2013年６月に定年退職。第二の人生は、西洋近代文明の対極に位置すると思われる縄文人的生き方を心がけ、大自然に対する感謝と畏敬の念を忘れず、主として執筆活動を通して世の中に貢献したいと考えている。本書は終末研究の集大成として出版した前著『2012年の黙示録』（たま出版）の内容を踏まえて、特にカルマの法則の理解を深めていただけるようにと心を砕いた。
著者ホームページは「2012年の黙示録」で検索されたい。

日本沈没最終シナリオ
世界地図から日本の国名が消える日

2015年７月５日　初版第１刷発行

著　　者　なわ ふみひと
発 行 者　韮澤 潤一郎
発 行 所　株式会社 たま出版
〒160-0004　東京都新宿区四谷4-28-20
☎ 03-5369-3051（代表）
http://tamabook.com
振替　00130-5-94804
印 刷 所　株式会社エーヴィスシステムズ

ISBN978-4-8127-0381-6　C0011